A. HELBEY

Curé et Paroissiens

IL Y A CENT ANS

LA RÉVOLUTION

étudiée dans un village des Montagnes du Doubs.

MONTBÉLIARD

IMPRIMERIE MONTBÉLIARDAISE

1903

A. HELBEY

Curé et Paroissiens

IL Y A CENT ANS

LA RÉVOLUTION

étudiée dans un village des Montagnes du Doubs.

MONTBÉLIARD

IMPRIMERIE MONTBÉLIARDAISE

1903

PRÉFACE

« Il faut absolument sortir des apologies générales du catholicisme ; il faut descendre dans les faits, dans les spécialités ; il faut surtout concentrer toutes nos forces sur le terrain de l'histoire, et nous y sommes invincibles » (1). J'ai voulu dans la mesure de mes forces remplir ce programme.

On me reprochera sans doute, d'avoir attaché trop d'importance à des événements villageois et de présenter au public des héros fort modestes. Voltaire répondra pour moi : « Il semble, disait-il, que pendant quatre cents ans, il n'y ait eu dans les Gaules que des rois, des ministres et des généraux » (2). En notre siècle démocratique, j'ai voulu donner une histoire qui soit celle du peuple.

On peut m'objecter encore qu'elle a été faite déjà par Sauzay, dans son grand ouvrage sur la persécution révolutionnaire en notre pays ; mais personne ne lit les 8 ou 9000 pages de cette somme sur la Révolution. Restreindre un si vaste tableau, c'est le rendre à la fois plus accessible et plus vivant. J'ai voulu mettre sous les yeux de mes lecteurs, la description d'une paroisse à l'époque de la tourmente.

Tous les faits ont été groupés autour de la vie du desservant ; j'en signale d'ailleurs plus d'un échappé à Sauzay, et découvert dans les archives du Doubs, de Bretonvillers ou dans les papiers de famille de divers particuliers.

Peut-être trouvera-t-on étrange que j'indique si scrupuleusement mes sources, et que je cite des textes trop souvent dépourvus d'art. J'avoue ne comprendre

---

(1) Lettre de Montalembert à Dumast, dans sa *Vie*, par le P. Lecanuet, tome II, p. 51, Poussielgue à Paris.
(2) Lettre à d'Argenson, 26 janvier 1740.

la monographie que sous cette forme ; son procédé, me semble-t-il, c'est l'analyse exclusivement. A la grande histoire seule, il appartient de faire la synthèse, en tirant les conclusions des faits accumulés dans les études particulières. Bref, j'ai voulu, en donnant les preuves de ma sincérité historique, mettre en pratique ces paroles de Taine à Sauzay : « Plus j'étudie en histoire, plus j'attribue de prix aux textes de première main, abondants, caractéristiques et bien classés » (3).

(3) Lettre du 25 juin 1885, *Académie de Besançon*, 1893, p. XXXVIII.

INDICATION DES SOURCES

Papiers de l'abbé Monnot, en la possession de M. l'abbé André, curé de Surmont.

Archives communales et paroissiales de Bretonvillers : spécialement les registres des délibérations et d'état civil.

Registre paroissial de Sancey.

Registre des délibérations communales de Surmont.

Registre des délibérations des comités de Vaucluse et Chamésey (aux archives départementales).

Registre d'écrou de la prison de Vaucluse (archives départ.).

Registre des délibérations de la municipalité cantonale de Vaucluse (arch. départ).

Papiers de famille (Gouverd à Bretonvillers, Humbert à la Grange),

Sauzay, *Histoire de la persécution révolutionnaire dans le département du Doubs*, Turbergue à Besançon (1867-1873), 10 forts volumes in-12.

Anonyme, *Manuel pour la concordance des calendriers républicain et grégorien*, 2ᵉ édition, Renouard à Paris, 1806, in-12 de XII-212 pages.

Les autres ouvrages consultés sont mentionnés en leur lieu. J'ai inséré beaucoup de références dans le texte, comme cela se fait en Allemagne. Ainsi Sauzay est cité brièvement par tome et page (9.102) ; le « Registre des délibérations de Bretonvillers » par folio (f. 107) ; enfin le « Registre d'état-civil » est désigné par la lettre (R), suivie, quand il y a lieu, de la date.

CURÉ ET PAROISSIENS

IL Y A CENT ANS

CHAPITRE Ier

Les préambules

Paisiblement blotti dans les bosquets d'arbres fruitiers, le petit village de Surmont (canton de Clerval) ne semble pas, à première vue, le berceau des âmes vigoureusement trempées. Et cependant, qu'on ne s'y trompe pas, ce nid de verdure est fixé sur une terre de montagnards. Le plateau qui le supporte, est fait d'un calcaire âpre et résistant, dont les assises succèdent aux assises presque sans fin, emblème d'une persévérance toujours identique, au milieu de la diversité des moyens.

Ce double caractère se retrouve dans la personne de l'homme dont nous voudrions ressusciter la physionomie. Il eut de la plaine, l'aménité, le liant, l'abord facile, la bonne grâce qui gagne les cœurs et les attache. Il emprunta à la montagne l'inébranlable fermeté, la ténacité dans les vues qui la caractérise. C'est avec cela qu'il rechercha et qu'il voulut le Ciel, non seulement pour lui, mais encore pour ses ouailles.

La famille qui lui donna naissance, compte parmi les plus anciennes de Surmont. Elle était représentée, au milieu du XVIIIe siècle, par un citoyen que les habitants du pays jugèrent digne de figurer à leur tête, en qualité de maire, c'était Jacques-Antoine Monnot. De son alliance avec Jeanne-Antoine Piguet, de Sancey, naquit, le 25 septembre 1750, un fils qui fut baptisé le même jour, en l'église paroissiale de Sancey, sous le nom de Pierre-Joseph. Vers la même époque, un de ses oncles maternels, le sieur Claude Piguet, était curé de la paroisse d'Onans (1), composée non seulement du village de ce nom, mais encore de Marvelise, Faimbe et Gémonval. Ce prêtre, vraisemblablement, influa sur la vocation de son neveu.

En 1772, le jeune homme était au séminaire de Besançon, où il prenait l'habit ecclésiastique, le 19 mars. Quelques jours plus tard, il écrivait dans un petit recueil de notes qui nous a été conservé : « Dieu m'a fait la grâce de recevoir la tonsure de Son Eminence Mgr. le cardinal de Choiseul, archevêque de Besançon, en sa chapelle, le troisième jour du mois d'avril de l'année 1772 (2) ». Il ne faudrait pas croire cependant que le travail de la grâce, qui préparait cette âme d'élite, s'effectuait sans secousse. De brusques retours, des scrupules persistants, une défiance exagérée de lui-même semblent caractériser alors la psychologie du jeune clerc.

L'abbé Monnot était d'ailleurs à bonne école. Outre les leçons de son directeur l'abbé Labet, docteur agrégé à l'Université de Besançon, il put suivre celles de M. Pochard, le supérieur, professeur de morale, et celles de M. Drouhard (3) qui faisait un cours de pastorale, célèbres tous deux, dans l'histoire du séminaire de Besançon, pour leurs vertus, autant que pour leurs lumières (4).

M. Grisot venait de mourir, mais un autre directeur, M. Babey, destiné à acquérir une grande notoriété pendant la Révolution, avait déjà repris la place du défunt et jouait un rôle de plus en plus important, à côté du vénérable supérieur.

Sous des maîtres aussi distingués, à côté de condisciples qui devaient donner, comme lui, des preuves non équivoques d'une formation cléricale à toute épreuve, Pierre-Joseph Monnot fit, au mois de septembre 1774, le pas définitif qui l'attachait à l'Eglise en qualité de sous-diacre. Nous en avons

(1). Règlement des droits curiaux d'Onans (19 août 1757), en ma possession.

(2). P. 5. du manuscrit.

(3). *Almanach historique de Besançon*, pour 1772, page 39.

(4). Jacquenet, *Histoire du séminaire de Besançon*, 507 et 513. Bonnefoy à Reims, 1864, in-4° de XXXII-598 pages.

pour témoin son titre clérical qui lui constituait un patrimoine de 200 livres, le 6 août de cette même année.

Diacre en septembre 1775 (5), il fut nommé, après la réception du sacerdoce, vicaire à Verne, (doyenné de Baume). C'est en cette qualité qu'il figure aux obsèques de son père, le 8 novembre 1782 (6). Nous le retrouvons ensuite, en 1783, à Bretonvillers comme successeur de l'abbé Voisard, qui avait fait dans cette desserte un très court séjour.

CHAPITRE II

Les débuts dans le ministère sacerdotal

A cette époque, les circonscriptions religieuses n'étaient pas ce qu'elles sont aujourd'hui. Il y avait des églises mères pourvues d'un curé qui étendait son autorité sur de vastes territoires ; sous sa dépendance étaient des églises filles, les succursales, administrées par des vicaires dont les uns, sous le nom de commensaux, conservaient avec le curé la vie commune et dont les autres avaient leur résidence au milieu des fidèles confiés à leurs soins. L'usage avait donné à ces derniers le titre de vicaires en chef, mais ils n'étaient pas moins que les autres, soumis à l'autorité curiale, la seule qui fut canoniquement reconnue.

L'abbé Monnot n'occupait ni l'une ni l'autre de ces situations. Il n'était pas commensal, résidant perpétuellement à Bretonvillers. Il n'était pas non plus, à proprement parler, vicaire en chef, puisqu'il ne recevait pas du curé de Cour-Saint-Maurice, l'église mère, la portion congrue versée aux succursalistes en titre. En fait, si les habitants de ce pays « avaient un prêtre particulier pour les desservir dans leur chapelle, c'est parce que l'ayant toujours rétribué, sans

---

(5). Note du petit carnet.
(6). Registre paroissial de Sancey, *hoc anno.*

inquiéter ni le sieur curé, ni les décimateurs à ce sujet, il n'y avait aucune personne intéressée à 's'y opposer, puisque les âmes en étaient mieux soignées et la plus grande gloire de Dieu procurée (1) ».

Mais cette situation, qui durait depuis 1715, finit par peser aux habitants de Bretonvillers, et l'année qui suivit la nomination de l'abbé Monnot, ils demandèrent à être détachés de la paroisse de Cour-Saint-Maurice, pour faire ériger leur chapelle de Bretonvillers en cure ou au moins en succursale, ayant à cet effet nommé, pour leurs procureurs spéciaux, les personnes de Claude-François Verdot, Claude-François Huot-Boley, Jean-Jacques-Joseph Huot-Marchand (2).

« N'est-il pas bien durs aux comparans, s'écriaient-ils, d'être obligés de se cotiser annuellement pour former à leur desservant un revenu annuel de 350 livres qui devraient être payées par Messieurs les bénéficiers (3). D'autre part, le peuple de Bretonvillers pourrait à peine compter un prêtre mort en cet endroit. Les registres n'en font du moins aucune mention. Depuis 1715, il y a eu déjà huit à dix prêtres (4). De là l'on comprend la douleur d'un peuple nombreux de se voir quitter par un desservant, au moment peut-être où il était mieux connu et qu'il pouvait en recevoir plus de services spirituels. Cela n'arriverait pas dans le cas d'érection en cure. »(5).

C'était un témoignage flatteur pour l'abbé Monnot, que cette démonstration si sympathique et en même temps si grosse de conséquences, car l'affaire était rude et pouvait et devait soulever des tempêtes. L'action qu'il fallait intenter intéres-

---

(1). Procès-verbaux de reconnaissance faite devant le sieur Binétruy, curé de Blamont, doyen rural d'Ajoye, en suite de la demande en démembration ou érection en cure ou succursale, de l'église du village de Bretonvillers, le 13 mars 1788, (manuscrit aux archives de Bretonvillers, folio 112).

(2). Délibération du 30 mai 1783, cotée 1ʳᵉ dans l'inventaire de production des pièces pour le procès, en date du 8 avril 1789, folio 10 et 11 (aux archives communales.)

(3). Procès-verbaux, fol. 117.

(4). Exactement huit, en négligeant l'abbé Monnot. Voir la liste de ces prêtres, *ad calcem*, page 97.

(5). Procès-verbaux, fol. 118.

sait : « 1º les habitants et communauté de Chamésey : la succursale la plus voisine ; 2º Messires les haut doyen et chanoines du chapitre de Saint-Hippolyte ; 3º MM. les recteurs et professeurs de l'Université royale de Besançon, seigneurs et prieurs de Vaucluse et en cette qualité décimateurs de la paroisse de Saint-Maurice ; 4º Messire Louis-Ferdinand-Charles, baron de Malseigne, en qualité de seigneur de Maîche (6) en la partie dite de Granvelle ; 5º le sieur Jean-Ignace Boillon, docteur en théologie, prêtre curé de la paroisse de Saint-Maurice-les-Cour ; 7º les habitants et communauté de Battenans ; 8ᵒ Mᵐᵉ la marquise de Ligneville ; 9º les habitants et communauté de Sur-le-Mont-de-Vougney ; 10ᵒ ceux de Friolais ; 11º Droitfontaine ; 12º Fremondans ; 13º Vauclusotte ; 14º Orgeans ; 15º Longevelle tous paroissiens de Cour-Saint-Maurice ; 16º les Révérends prieurs et religieux bénédictins de Vaucluse ; 17º Son Altesse Marie-Louise, princesse de Rohan-Soubise, comtesse douairière de Marsan, baronne de Belvoir ; 18º les habitants et particuliers de Charmoille (7). »

Il est vrai de dire, toutefois, que les opposants furent moins nombreux que ne le donnerait à croire la liste précédente. Plusieurs des ayants cause firent défaut. Par contre, il s'en rencontra qui furent des plus tenaces, comme les habitants de Chamésey, et d'ailleurs sans mériter de blâme. Ils demandaient avec anxiété « si l'église de Chamésey dont l'époque de l'établissement se perd dans la nuit des temps, devait être supprimée et détruite, pour lui substituer une chapelle établie, dans son district, par pure grâce, au commencement de ce siècle » (8). Et tel était, en effet, le projet de l'abbé Boillon, curé de Saint-Maurice. Pour ne rien perdre de ses droits curiaux, tout en refusant le démembrement, il acceptait la création d'une succursale à Bretonvillers, comme étant plus central, mais aux dépens du vicariat en chef de Chamésey qui aurait été supprimé.

(6). Sur cette seigneurie cf. Richard, *Monographie du bourg et de la terre de Maîche*, pages 28 et 56.

(7). Double d'inventaire du 13 avril 1789, pour le procès. (aux archives communales de Bretonvillers).

(8). Procès-verbaux de reconnaissance, etc., folio 112.

Il serait fastidieux de suivre les péripéties de ce procès du XVIIIᵉ siècle. Il suffira de dire qu'à la suite d'une enquête faite par le sieur Binétruy, curé de Blamont, doyen d'Ajoye, en mai 1788, fut rendu par l'officialité diocésaine, un jugement qui déboutait les opposants (28 juillet 1789) (9). Alors, les habitants de Bretonvillers présentèrent à l'archevêque une nouvelle requête où ils devenaient plus pressants.

« Depuis plusieurs années, disaient-ils, le sieur Monnot les dessert dans leur église, en suite de conventions faites avec eux. Malgré la modicité de l'honoraire que leurs facultés leur permettaient, ils en ont reçu tous les services que l'on peut attendre du zèle et de la charité d'un pasteur. Il a mérité leur confiance et leur attachement et ils regarderaient comme un double bienfait de votre part, Monseigneur, si, érigeant leur église en paroissiale, Votre Grandeur voulait bien en conférer le titre au sieur Monnot, leur desservant » (10).

Le résultat de ces démarches et de ces instances fut favorable aux intéressés, moins cependant qu'ils le désiraient. Bretonvillers fut érigé, non en paroissiale, mais en succursale, ainsi que le témoigne le registre des délibérations communales (f. 151).

CHAPITRE III

Le champ d'action

Les documents du temps nous ont laissé un tableau assez complet de la situation dans laquelle se trouvait alors la commune. Il résulte du procès-verbal de reconnaissance, dressé par le doyen d'Ajoye, qu'à ce moment « l'église de

---

(9). Aux archives communales.

(10). Supplique des habitants de Bretonvillers à Mgr. l'archevêque de Besançon, pour obtenir une cure : document sans date mais postérieur à juillet 1789, page 19 et suivantes. (aux archives communales),

Bretonvillers (c'était la seconde) paraît bâtie depuis environ seize ou dix-sept ans ; que l'on remarque trois petits lézards aux fenêtres des chapelles collatérales et à la première à gauche en entrant ; qu'au devant de cette église couverte en laves, il existe un clocher en pierre de taille, aussi couvert en laves et garni de trois cloches dont la première est du poids d'environ deux mille, la seconde de huit cents et la troisième de cinq cents ; qu'il y a une horloge frappant les quarts et répétant l'heure ; que cette église est belle et bien ornée, garnie de bancs réguliers et qu'elle peut contenir environ quatre cent quarante personnes ; que, dans le nombre susdit, la tribune se trouve comprise et qu'il y a trois portes pour entrer dans la dite église. » (1).

« Dans la sacristie de Bretonvillers, nous avons reconnu, continuent les experts, trois chasubles, deux dalmatiques en satin, dix surplis, cinq aubes, quatre chappes, un reliquaire en argent, une pyxide en cuivre, une croix argentée et une autre en cuivre, un ostensoir et un ciboire en argent, deux missels ou antiphoniers, un graduel et divers linges accessoires » (2).

D'après les déclarations de l'abbé Monnot lui-même, le nombre total des ménages sujets à la desserte de Bretonvillers, était à cette époque de 89, et celui des communiants de 315 (3).

Au nombre de ses meilleures ouailles, l'abbé Monnot pouvait compter des paysans, chez lesquels les traditions sacerdotales se léguaient de génération en génération : tels étaient les Boillon, les Verdot, les Gouverd, les Huot-Boley.

Un Félix Huot-Boley (4) apparaît dans un acte de mariage en 1772, où il signe en qualité de prêtre.

L'abbé Verdot, du Saucet, fut vicaire à l'un des Saint-Loup, durant plusieurs années. Mentionné encore en 1771 (R. 27 avril), il mourut sans doute avant la tourmente.

----

(1). Procès-verbaux de reconnaissance, fol. 93 et suivants.
(2). Idem, folio 125.
(3). Procès-verbaux de reconnaissance, fol. 109.
(4). Registre des mariages, 6 octobre 1772.

Un Jean-Nicolas Gouverd était mort prêtre, le 28 juin 1779, à l'âge de 32 ans et l'on peut voir sa tombe au cimetière de Bretonvillers.

Il y avait encore en exercice, Pierre-Joseph Boillon, qui, après avoir été vicaire à Cour-Saint-Maurice et desservant de Bretonvillers, gouvernait avec le secours d'un auxiliaire, l'abbé Comte, l'importante paroisse de Rothonay (doyenné des Montagnes) (1.726). Son frère cadet, Ferréol-Xavier Boillon, exerçait les fonctions sacerdotales à Ainvelle-les-Conflans (doyenné de Faverney) (1.733).

Deux abbés Verdot, oncle et neveu, et tous deux du même nom Claude-François, se trouvaient aussi, par la volonté épiscopale, curés dans la même zone : l'un à Ormoy (doyenné de Faverney), l'autre à Villers-les-Luxeuil (doyenné de Luxeuil) (1.734 et 3.797).

Tous restèrent fidèles à l'Eglise et refusèrent le serment constitutionnel. Les deux Verdot furent même déportés comme l'abbé Monnot (3.797).

Les parents de ces prêtres étaient naturellement les plus fermes soutiens du jeune vicaire en chef et nous les verrons toujours, soit prendre rang parmi ses défenseurs, soit le suivre en exil dans les jours trop orageux.

Il faut mentionner, en outre, parmi les notabilités de Bretonvillers, un homme des plus intelligents et des plus actifs, qui ne tarda pas à sortir de l'obscurité de son village : c'était Claude-François Huot-Marchand, maire, en même temps que régent des humanités, dans son pays natal. Il y jouait un rôle considérable que justifiaient ses connaissances et ses relations personnelles (1.748).

Il avait épousé, en 1776, « demoiselle Catherine Riduet, en présence du sieur Riduet, curé de Pierrefontaine, oncle de l'épouse ; du sieur Nicolas-Joseph Briot, juge-châtelain de Réaumont, du Russey ; de Madame Marchand, épouse de Monsieur l'avocat Marchand, de Baume ; et de Jean-Ignace Boillon, curé de Saint-Maurice » (5). On le voit figurer avec Claude-François Verdot comme procureur spécial, dans la

(5). Registre des mariages, 24 septembre 1776.

supplique adressée, en 1789, à l'archevêque de Besançon pour
l'érection d'une cure à Bretonvillers (6). L'élection du directoire de Saint-Hippolyte, en mai 1790, fit de lui un administrateur du nouveau district (1.189 et 748).

La municipalité qui le remplaça à Bretonvillers, se compo-
sait, d'après les dispositions de la loi du 14 décembre 1789,
statuant pour une commune de moins de cinq cents habitants,
d'un maire, d'un procureur chargé d'activer les affaires, de
deux officiers municipaux ou adjoints, et enfin de six notables
formant le conseil général de la commune. Les officiers
municipaux choisissaient ensuite un greffier et un trésorier.
Chaque année, il sortait un municipal et trois notables. (7)

Nous citerons, parmi les élus, J.-J.-J. Huot-Marchand, frère
de l'administrateur du district, et qui fut en quelque sorte son
alter ego. Le procureur Claude-François Verdot qui devait
mourir tragiquement pour la religion ; les deux municipaux :
F.-Joseph Verdot, du Saucet qui avait fait toutes ses classes,
se destinant au sacerdoce, et Jacques-Joseph Chopard ; et enfin
le greffier Jean-Alexis Simon.

CHAPITRE IV

Premières rafales révolutionnaires

Telle était la situation de Bretonvillers, lorsque les premières clameurs de la Révolution vinrent y retentir, pour provoquer bientôt le trouble et la persécution.

Jusque-là, l'abbé Monnot y avait exercé un ministère paisible
et efficace. Son influence était le fruit d'une instruction solide
et d'une vertu éprouvée. Ses sermons témoignent d'un fond
théologique sérieux, joint à des connaissances pratiques et à
des observations morales étendues.

(6) Supplique déjà citée, fol. 22.
(7). Registre des délibérations de Surmont, (folio 1 et 2).

Quant à son esprit sacerdotal, nous pouvons le juger, ce semble, par un seul fait. Le vénérable P. Receveur, fondateur de la communauté des Fontenelles, était, à cette époque, en butte à d'injustes suspicions, provoquées par l'influence de M. Bolard, curé de Bonnétage, qui n'approuvait ni les tendances, ni les idées du prêtre franc-comtois. La personnalité du curé était considérable. Il se trouva néanmoins un groupe d'ecclésiastiques pour protester contre ses accusations, par une pressante supplique adressée à Mgr. de Durfort, le 22 décembre 1787. L'abbé Monnot se fit un devoir de signer cette pièce avec 22 autres prêtres (1).

Et c'est ainsi qu'il agit toujours, âme droite et forte, s'attachant à la vérité et au bien, sans calcul d'ambition ou de courtisannerie. On le vit mieux encore, lorsque les mesures révolutionnaires commencèrent à atteindre l'Eglise. Le 12 juillet 1790, la constitution civile du clergé avait été votée. Comme elle soulevait de nombreuses résistances, l'Assemblée nationale décréta un serment destiné à la faire accepter par tous les fonctionnaires ecclésiastiques, à peine de destitution et de poursuite comme perturbateurs de l'ordre public, en attendant de plus grands châtiments (1.270).

Les prêtres devaient se présenter devant leur municipalité respective, dans la huitaine après la publication du décret et prêter le serment requis. Le dimanche 6 février, à l'issue de la messe paroissiale, l'abbé Monnot transcrivit lui-même ses sentiments, de la manière qui suit, sur le registre des délibérations communales : « Inviolablement attaché à la religion catholique, apostolique et romaine, ce n'est qu'autant que cette religion sainte me le permet, que je jure de veiller avec soin sur les fidèles qui me sont confiés ; d'être fidèle à la nation, à la loi et au roi et de maintenir de tout mon pouvoir la constitution décrétée par l'assemblée nationale et acceptée par le roi ; fait ce neuf février mil sept cent quatre-vingt-onze, Monnot prêtre, vicaire. »

Cette formule était loin de correspondre avec celle que l'on avait officiellement imposée. On voit, de plus, qu'elle présentait

____

(1). **Suchet**, *Vie du vénérable Receveur*, page 115, note, dès les premières lignes, la plus formelle restriction. Elle avait été inspirée, dans ces termes même, par le vénérable ami de M. Monnot, le Père Receveur, et nous la trouvons textuelle dans les déclarations de la plupart des prêtres de la région qui d'après ses conseils ne jurèrent « *qu'autant que le permettait la religion catholique* » (2).

Aussi bien, la conscience ne pouvait pas autoriser le serment pur et simple ; ainsi l'avait établi le cardinal de la Luzerne, évêque de Langres, dans une savante dissertation (1.278).

Guidé par ces principes, l'abbé Monnot n'avait pas dévié de sa ligne de conduite constante. Son serment témoignait qu'il était disposé à toutes les concessions politiques, mais qu'il réprouvait tout empiétement sur les attributions religieuses de l'Eglise.

Malheureusement, le 6 janvier 1791, Barnave s'était élevé contre les serments restrictifs et un décret immédiatement voté, avait prescrit de les considérer comme nuls.

Dès lors, la situation de l'abbé Monnot aux yeux des administrateurs,était celle d'un prêtre déchu pour refus de serment. Mais, il avait la consolation de rester en communion avec son évêque, Mgr. de Durfort, qui s'était prononcé, lui aussi, le 22 janvier 1791, contre tout serment autre qu'un serment pure-ment politique (1.314).

Peu après, le vicaire de Bretonvillers eut à préciser le sens de sa démarche du 6 février. Le chanoine Seguin, élu civile-ment évêque du Doubs, après le départ de Mgr. de Durfort, avait envoyé une lettre pastorale, le 15 mai 1791. L'abbé Monnot la regarda comme non avenue (1.545 note).

C'était nettement prendre position. Aussi, en juin 1791, il fut privé de toute allocation par le district, en application d'un arrêté du département, pris le 17 du même mois, contre les prêtres qui avaient refusé de lire la lettre épiscopale (2, 59).

En juillet, le procureur syndic du district, en résidence à

------

(2). Suchet, *loc. cit.*, page 154.

Saint-Hippolyte, Pourcelot de Vauclusotte (3) écrivait à l'évêque constitutionnel : « Il devient de plus en plus instant de remplacer, sur le champ, plusieurs de nos fonctionnaires publics. Nous avons des vicaires qui font autant et plus de mal encore..... De ce nombre est surtout le sieur Monnot, vicaire à Bretonvillers ; viennent ensuite les sieurs Guyot à Chamésey, Rousset (de Chamésey) à Belleherbe et Maillot à Péseux » (1.584).

Il faut dire toutefois, à l'honneur de quelques-uns des membres du district et notamment de Claude-François Huot-Marchand, l'ancien maire de Bretonvillers, que loin de s'associer aux déclarations du procureur syndic, ils protestèrent, le même jour, contre les injonctions du département, qui voulait la persécution des prêtres réfractaires (1.592).

D'ailleurs, il n'était pas possible de remplacer tous les prêtres restés fidèles à l'Eglise de Rome et l'administration fut réduite à laisser, avec tant d'autres, l'abbé Monnot à son poste (1.592).

L'accord avec sa population était, jusque-là, sans mélange Le 13 novembre 1791, les élections municipales maintinrent au pouvoir J.-J.-J. Huot-Marchand, comme maire, et Claude-François Verdot comme procureur. Les nouveaux élus prêtèrent, dans les sentiments même que leur avait inspirés leur vicaire en chef, le serment requis « jurant d'être fidèles à la nation, à la loi et au roi et de maintenir de tout leur pouvoir la constitution du royaume, sauf le devoir à l'égard de Dieu et de la religion catholique, apostolique et romaine ».

Mais les esprits clairvoyants s'apercevaient déjà que la Révolution précipitait son allure. Aussi, séance tenante, le procureur donna sa démission, entraînant dans sa retraite l'officier municipal nouveau, Alexis Gaume, qui fit sa démission pour la seule cause que « le dit Claude-François Verdot a fait la sienne, n'ayant aucune raison, ni l'un ni l'autre, pour se dispenser des charges » (f. 6 à 8).

Le 7 décembre, le procureur réitéra sa démission et la

(3). Voir à son sujet : *Compté-rendu à mes concitoyens* (par Marcel Pourcelot). Cabuchet à Besançon, 1819, in-8°, 49 pages.

motiva sur des infirmités qui lui rendaient impossible l'exercice de sa charge. En réalité, il voulait se soustraire à des fonctions qui bientôt, il le sentait, allaient être incompatibles avec ses croyances.

La persécution, en effet, devenait de plus en plus violente. Le 2 avril 1792, le département prenait un arrêté par lequel, « considérant que les prêtres non assermentés sont les ennemis les plus dangereux et les plus redoutables, il décrétait leur arrestation et leur translation au chef-lieu » (2.474).

Le 6 avril, sur la motion de Torné, évêque constitutionnel, député du Cher et, dans la suite, fameux renégat, le costume ecclésiastique était supprimé.

Le 27 mai, un décret de l'Assemblée législative statuait que tout prêtre, accusé par vingt citoyens actifs, serait déporté.

Le district de Saint-Hippolyte ne se pressa pas d'appliquer ces diverses mesures. Aussi, le 18 juillet, le procureur syndic recevait-il du département une lettre sévère, lui enjoignant de saisir tous les prêtres au nombre de 15, condamnés à l'internement dans sa circonscription (2.620 .

Mais si le zèle faisait défaut dans la région des montagnes, il éclatait dans le *pays bas*. L'abbé Cl.-Et. Vernier, jeune intrus de Sancey, après avoir été vicaire à Sainte-Madeleine de Besançon, poussait de véritables cris contre les insermentés.

« La patrie est en danger, écrivait-il, le 29 juillet 1792, et cependant une bande de prêtres fanatiques et scélérats inondent nos montagnes, le canton de Sancey surtout, et les environs. Les traces de ces hommes de sang sont marquées au coin de la division, des manies et des querelles. Nuit et jour, ces lâches s'en vont parcourant les villages et les hameaux, prêchant et confessant dans les ténèbres et désorganisant les têtes d'une telle façon, que tous ceux à qui ils ont parlé, deviennent. comme eux, altérés du sang de leurs frères !...

« Vous croyez avoir affaire à des hommes qui, quelque barbares qu'ils soient, peuvent toujours être civilisés par des voies de douceur ; mais aujourd'hui, vous devez être convaincus que ceux qui troublent l'empire français, sont des tigres qu'on ne peut nullement apprivoiser et vous devez sentir qu'il n'est point de ressources que dans leur éloignement...

« Quelque parti que vous preniez, nous vous demandons de nous débarrasser au moins de l'abbé Courtot (de Longemaison), ci-devant curé de Mailleroncourt-Saint-Pancras, de l'abbé Breuillot (de Droitfontaine), ci-devant vicaire à Villars-Saint-Georges et maintenant parcourant notre canton et ses environs, ainsi que des abbés Humbert (de Longevelle) et Monnot, vicaire de Bretonvillers. Ce dernier se croit autorisé à venir mettre Sancey dans un état d'insurrection, parce qu'il est le beau-frère du juge de paix du canton... Tous ces messieurs sont déguisés : donc ils ont envie de mal faire » (2.629-633).

Un arrêté départemental du 6 août, conforme aux décisions de l'assemblée législative du 27 mai, vint combler sans délai, les désirs de Vernier (2.661).

Puis ce fut, le 14 août 1792, un nouveau serment : celui de liberté et d'égalité, licite celui-là, que l'on imposa à tout Français recevant un traitement de l'Etat (3.105.115).

Enfin, 15 jours après la déchéance de la royauté, le 26 du même mois, ce fut le décret de déportation à Cayenne voté par l'Assemblée législative, contre tous les ecclésiastiques insermentés ou rétractés, s'ils n'évacuaient le territoire dans les 15 jours, après avoir demandé des passeports (4).

CHAPITRE V

Le départ pour l'exil

La situation était devenue intenable pour l'abbé Monnot. Il se savait compris dans la liste des ecclésiastiques astreints à la déportation en conséquence de ce dernier décret (3.791).

---

(4). Rambaud, *Histoire de la civilisation contemporaine*, page 107.

Du reste, les électeurs jacobins du canton de Vaucluse l'avaient signalé comme digne de l'exil (3.56 note).

Il était d'ailleurs las de toutes les persécutions qu'il avait jusque-là endurées. Voici comment il en rendit compte dans une conférence à ses paroissiens, écrite à Cressier.

« Vous vous rappelez, mes frères, le trop fameux décret qui nous obligeait tous à prêter un serment sacrilège, au moyen duquel nous trahissions nos consciences, nous renoncions à notre foi. Ce fût là l'époque de la guerre qui nous fût déclarée. Jusque là, nous, prêtres du second ordre, nous avions été les héros de la religion, les hommes utiles. On ne pouvait trop payer nos soins et récompenser nos services : le moins qui nous serait accordé de traitement et de pension, ce serait 1200 livres, dans le cas où nous serions curés et 700 livres seulement si nous étions vicaires. Mais, le moment du décret arrivé, nous ne fûmes plus que des scélérats, qui méritaient toute la rigueur et l'animadversion des lois. Dès lors, nous fûmes comme proscrits. Ceux qui furent nommés à nos places, se hâtèrent d'en venir prendre possession, ils y arrivent avec l'appareil le plus effrayant et disposés, ce semble, à faire violence à quiconque aurait la témérité de s'y opposer. Et nos places occupées, on nous chasse de nos presbytères.

« Si nous voulons faire quelques fonctions de notre ministère, il faut les exercer en secret. Si les fidèles ne s'attachent pas au pasteur que les hommes, et non Jésus-Christ, lui ont donné, la fureur redouble à notre égard. Pour nous obliger à fuir de nos paroisses, on envoie après nous des cavaliers de maréchaussée. Ceux-ci nous donnent la chasse, et pour nous soustraire aux vexations qu'on nous prépare, il ne nous reste d'autre moyen que de nous travestir et de courir de maison en maison, de village en village, de forêts en forêts ou de passer dans un pays étranger.

« Dix à onze mois se passent dans ces fâcheuses extrémités et jusqu'à ce que le décret qui nous transportait hors du royaume vint, en quelque sorte, mettre le comble à notre malheur. Mais avant que ce décret s'exécutât, quelles scènes tragiques les prêtres n'offrirent-ils pas ! On se souviendra à jamais, et les fastes de l'Eglise, aussi bien que les histoires, transmettront à la postérité la plus reculée, celle qui se passa dans l'Eglise des Carmes, de Paris, le 3 septembre 1792.

« Là, 272, tant prêtres que religieux et évêques, étaient enfermés. On vint leur présenter le serment de l'égalité : « Ce serment ou la mort », leur dit-on ; et sur la représentation qu'ils firent, que leur conscience ne leur permettait pas ce serment, on se jette sur eux. on les frappe du glaive, on les immole à la fureur » (1).

Ce tableau trahit le découragement qui s'était emparé de l'abbé Monnot. Aussi, dès le début de septembre 1792, il pensa à s'éloigner. Dans une cérémonie religieuse spéciale, vraisemblablement le jour de la fête patronale (8 septembre), il adressa à ses paroissiens les recommandations exigées par les circonstances. Il était assisté d'un séminariste, Cl.-Théodule Renaud, de Plaimbois du-Miroir, qui, après avoir fait l'office de diacre, retourna en habits séculiers, puisque le costume ecclésiastique était proscrit, pour chanter les vêpres dans son pays natal (3.498).

Les dernières prescriptions du prêtre persécuté firent une impression profonde sur les auditeurs et longtemps après, des étrangers qui les avaient entendues, furent l'écho à Belvoir de ses paroles précises et pressantes (4.578).

« Vous ne devez avoir, avait-il dit, avec les schismatiques, aucune communication spirituelle, à l'exception du cas de mort, où vous pouvez demander et recevoir d'eux le sacrement de pénitence, et seulement le sacrement de pénitence, parce qu'il n'y a que celui-là de nécessaire. Encore ferez-vous mieux de ne pas le leur demander, pour qu'on ne croie pas que vous avez changé de sentiments, et pour aussi ne pas vous exposer au danger de séduction » (2). Ces conseils, nous le verrons, devaient porter peu de fruits.

Le 19 septembre, l'abbé Monnot se présenta devant la municipalité de Bretonvillers, déclarant « qu'il voulait s'expatrier dans les cantons suisses, pour obéir à la loi du 26 août

---

(1). Monnot, « Ce qui était préparé en matière de religion dans l'assemblée nationale », fol. 5 et 6.

(2). Monnot, « Conférence sur le schisme », 1794, folio 14 et 15.

publiée le 16 septembre dans la dite commune, à l'issue de la messe paroissiale et affichée à la porte de l'Eglise du dit lieu » (f. 16).

En conséquence, il lui fut délivré un passeport que nous croyons devoir consigner en entier, parce qu'il donne des détails précis sur la personne du prêtre :

« Laissez passer M. Pierre-Joseph Monnot, prêtre, citoyen français, domicilié à Bretonvillers, district de St-Hippolyte, département du Doubs ; âgé de quarante ans ; taille : cinq pieds cinq pouces (3), cheveux et sourcils bruns, yeux gris, nez droit, bouche moyenne, menton rond, front médiocre, visage oblong. Prêtez-lui aide et assistance en cas de besoin allant en Suisse, passant par le Plaimbois-du-Miroir, conformément à la loi du 6 août dernier, publiée à Bretonvillers, le seize septembre, mil sept cent quatre-vingt-douze, l'an 4 de la liberté « (f. 17).

Ainsi, l'abbé Monnot disparaissait de la lice, au moment même où sa présence devenait plus nécessaire. Il suffit, pour l'établir, de signaler la conduite de l'ancien maire de Bretonvillers, Cl.-Fr. Huot-Marchand, administrateur du district de Saint-Hippolyte.

Ce magistrat, qui jusque là, avait fait preuve de libéralisme, eut la faiblesse, le jour même où son vicaire en chef partait pour l'exil, de s'affilier au club de Besançon avec vingt-trois autres fonctionnaires et notables de Saint-Hippolyte. Dans l'adresse rédigée à cette occasion, qu'il avait signée sans vergogne, il jetait une dernière pierre au proscrit en dénonçant « les prêtres, fanatiques ou ambitieux qui travaillaient le peuple par des mensonges et des prestiges, troublaient les consciences par des insinuations trompeuses » (3.182). L'ambition et le fanatisme étaient malheureusement plus évidents chez l'administrateur que chez l'abbé Monnot et l'on déplore un tel revirement de sentiments, ou une faiblesse aussi coupable, chez un homme dont l'intelligence et l'initiative avaient fait leurs preuves.

L'exemple, qu'il venait de donner produisit d'ailleurs des fruits immédiats, dans sa commune d'origine. En exécution

---

(3). 1 m. 78, voir dans l'*Annuaire du Doubs*, 1841, page 20, réduction des anciennes mesures.

de la loi du 10 août 1792, relative aux suspects, (3.42) un décret
du 28 août, imposé par les clubs, enjoignait à toutes les communes de pratiquer des visites domiciliaires, à l'effet de constater « la quantité de munitions et le nombre d'armes, chevaux,
charrettes et chariots qui se trouveraient chez les citoyens ».
Les municipalités étaient en outre autorisées à désarmer tous
les citoyens suspects (3.142).

Talonné par les administrateurs de Besançon, le district de
Saint-Hippolyte, qui faisait preuve de tiédeur, se hâta de
nommer pour chacun de ses cantons, un commissaire chargé
d'exécuter les visites domiciliaires. Morey, (4) médecin à Chamésey, fut désigné pour le canton de Vaucluse. Son rapport
témoigne qu'à Bretonvillers la municipalité déclara qu'elle
ne connaissait aucun suspect. « Mais, ajoute le commissaire,
un des officiers municipaux nous a tirés à part et nous a dit
qu'il y avait des citoyens qui méritaient d'être désarmés. Bretonvillers est un lieu tout fanatique, à l'exception de quelques
particuliers. La plupart de ces fanatiques tenaient ou avaient
tenu des propos injurieux à l'Assemblée nationale, à la Convention et à la République. Ils se réjouissaient lorsqu'il nous
arrivait quelque revers ».

Paralysé par le mauvais vouloir des municipalités, qui
avaient donné partout la même réponse, le commissaire revint
chercher à St-Hippolyte, le 18 octobre 1792, de nouvelles instructions et l'on convint qu'il ferait une seconde tournée, dans
laquelle il ne prendrait des informations, qu'auprès des vrais
patriotes bien connus.

Ainsi constitués administrateurs à la place des municipalités légitimement élues, les Jacobins de chaque pays, donnèrent
libre cours à leurs antipathies et rancunes personnelles.

A Bretonvillers, ils firent désarmer comme suspects Cl.-
Joseph Huot-Marchand, François-Xavier Gouverd, officier
municipal, J.-Cl. Sarron, Alexis Gaume, notable, Cl.-Jos.
Verdot, procureur, frère de l'abbé Claude-François Verdot,
curé d'Ormoy (5).

(4). Il fut plus tard pharmacien à Saint-Hippolyte et vice-président du
Directoire ; ne doit pas être confondu avec Jean-François, plus jeune d'un
an, cultivateur à Vauclusotte et qui fit partie lui aussi du Directoire de
Saint-Hippolyte, (3.808, 4.667, 5.685).

(5) R. 23 novembre 1779.

Le jacobinisme faisait donc, même dans les petites communes de sérieux progrès. On le vit mieux encore à l'occasion de l'élection du juge de paix du canton, le 25 novembre 1792, à Vaucluse (6).

Les exaltés, accompagnés de fusiliers, ne voulaient laisser entrer dans l'église des Bénédictins, choisie comme salle de scrutin, que *les bons citoyens*. « Alors, d'une voix unanime, l'assemblée au nombre d'environ trois cents votants, bien informée qu'on s'était procuré des fusils, et pressentant qu'il se commettrait quelque meurtre, décida de se transporter à Belleherbe, et délibéra de fixer le jour d'une nouvelle élection et de rendre responsables J.-Jos. Receveur, Guedot fils (les deux de Vaucluse), Jac. Billey (de Valonne), Cl. Antoine Flajoulot (de Chamésey) et autres, de dommages et intérêts » (3.256).

Étaient présents et signèrent cette protestation, comme électeurs de Bretonvillers, François-Xavier Gouverd, Joseph Verdot-Bourdon, tous deux officiers municipaux, et Claude-Joseph Verdot, procureur. François-Joseph Verdot, du Saucet, ancien municipal et alors notable de sa commune, fut l'un des citoyens chargés de présenter une pétition au département à ce sujet. Quant au maire J.-J.-J. Huot-Marchand, il figurait dans la coterie jacobine. Inutile d'ajouter que la requête, calme et digne des protestataires, fut sans façon repoussée (3.257). Mais les habitants de Bretonvillers prirent bientôt leur revanche et, le 2 décembre suivant, ils donnèrent la mairie à F.-J. Verdot.

CHAPITRE VI

Les douleurs de l'exil

Vers cette date, l'abbé Monnot séjournait au voisinage de Bretonvillers. Le 19 et le 30 novembre, il baptisait deux enfants de sa paroisse, sans pouvoir toutefois consigner la

(6) Autres communes du canton : Belleherbe, Chamésey, Charmoille, Cour-St-Maurice, Droitfontaine, la Grange, Longevelle, Péseux, Provenchère, Rosières, Rosureux, Valonne, Vauclusotte, Vernois.

mention de ces cérémonies sur le registre paroissial. Ce ne fut que plus tard qu'il signala sa présence, en insérant dans le registre les actes jetés en ces temps troublés, sur de simples feuilles volantes (1).

Peut-être que jusqu'à cette époque, le proscrit avait rodé autour de Bretonvillers, sans utiliser son passeport, qui n'aurait été qu'une feinte. En tous cas, un citoyen de Belleherbe, Nicolas-Joseph Briot, fut, l'année suivante, accusé d'avoir recélé plusieurs prêtres, après leur déportation prononcée. Parmi les noms cités à cette occasion, nous relevons celui de l'abbé Monnot (4.240 et 5.128).

Quoi qu'il en soit, six mois déjà s'étaient écoulés, depuis que le vicaire en chef avait été contraint de prendre la fuite. Voici en quels termes il dépeignait les souffrances des prêtres fidèles, les siennes par conséquent.

« Le moment où le décret qui nous déporte, arrive-t-il ? Que de nouvelles vexations vont s'exercer ! On veut que nous passions dans une terre étrangère et on ne veut pas que nous emportions rien pour notre subsistance. S'il arrive que nous soyons rencontrés dans le passage, on nous fouille de la manière la plus indécente : les propos insulteurs, les menaces, les mauvais traitements accompagnent la recherche odieuse que l'on fait de ce que nous pouvons avoir. Si on le découvre, on nous le prend et l'on ne permet à personne de nous envoyer ou de nous apporter du secours. Lorsqu'on porta le premier décret tyrannique (26 août 1792) qui nous expatriait, on décréta en même temps que si, après avoir été exportés, il nous arrivait jamais de rentrer dans le royaume, nous serions condamnés à 10 ans de détention » (2).

La résidence qu'avait choisie le proscrit, était un village du canton de Neuchâtel, d'environ 500 âmes, nommé Cressier. Là, se trouvaient également quantité d'autres prêtres et notamment l'abbé de Chaffoy, biographe des martyrs de la Révolution en Franche-Comté et plus tard évêque de Nîmes (3.271 et 319). Alors vicaire général de Besançon et de Lau-

(1) R. après le 8 mars 1805 et n° 34.
(2) Monnot. « Ce qui était préparé, en matière de religion dans l'assemblée nationale », fol. 7.

sanne, il se servait de son autorité pour améliorer le sort des déportés. Il en avait formé une société à Cressier, où tout était en commun. Ménageant la délicatesse de chacun, il leur fournissait des honoraires de messe, qui étaient versés dans une caisse syndicale. Les ressources ainsi créées servaient moitié à la nourriture et moitié au vestiaire (3).

Cette institution permettait à bon nombre de prêtres de séjourner en Suisse sans trop de gêne, dans les commencements surtout, alors que les habitants s'apitoyaient sur le sort des malheureux exilés et que protestants et catholiques rivalisaient d'obligeance et de générosité dans leur hospitalité. Mais à la longue, les ressources pécunières tarirent. L'exil d'ailleurs, est une souffrance aiguë pour le Franc-Comtois et bien peu parmi les déportés attendirent le rétablissement de l'ordre pour rentrer en France.

Aussi, dès le 6 Mars 1793, le district de Saint-Hippolyte fut informé par voie indirecte « qu'il existait des prêtres réfractaires restés sur le territoire de la République; qu'ils prenaient leurs refuges dans les communes du canton de Vaucluse principalement à Bretonvillers, y disaient la messe et tenaient des discours contre la constitution ». Il arrêta que le lieutenant de gendarmerie Derriey serait requis de faire marcher une brigade à Bretonvillers et autres endroits du canton de Vaucluse, et, s'il le jugeait à propos, de faire mettre sous les armes les gardes nationaux des communes voisines, pour faire ensemble une perquisition générale, dans toutes les maisons de Bretonvillers (3.302).

Le résultat qu'on espérait de ces vexatoires inquisitions, fut nul dans le canton de Vaucluse ; mais dans le canton du Russey, aux Brosses, territoire de Bonnétage, les jacobins captivèrent le 8 mars, l'abbé Lornot, du Béiieu, vicaire en chef à Plaimbois-du-Miroir. Ce criminel d'une nouvelle espèce, amené et interrogé à Saint-Hippolyte, déclara, qu'afin d'éviter la persécution, à partir de la Pentecôte 1792, il s'était retiré chez des amis, tantôt au Bélieu, tantôt à Bretonvillers, tantôt

---

(3) Sur M. de Chaffoy et son rôle à Cressier, voir Couderc. *Vie abrégée de Mgr. de Chaffoy, évêque de Nîmes.* Nîmes, 1837, in-8°, 110 pages.

à Plaimbois-en-Vennes, ne reparaissant dans sa paroisse que secrètement et par intervalles.

Il avoua être allé, à cette époque, à Cressier, en Suisse, voir un de ses confrères, mais être rentré le lendemain en France. Plus tard, il était retourné en exil, mais n'ayant pas d'argent il était revenu dans sa patrie. Il fut condamné à 10 ans de détention (3.324).

« Vous vous souviendrez éternellement vous-mêmes, disait plus tard, à son sujet, l'abbé Monnot s'adressant à ses paroissiens, de ce qui s'est passé à l'égard d'un de mes confrères dans le ministère et de deux autres prêtres du voisinage (4). J'aime même à croire que vous aurez un plaisir singulier de le raconter à vos enfants ; que ceux-ci le raconteront pareillement à ceux qu'ils mettront au monde, et, que détestant les uns et les autres la barbarie des persécuteurs, vous admirerez la constance des persécutés.

« Ces généreux ministres voyant le danger où était votre âme avaient crû devoir, ou ne pas obéir à la loi tyrannique qui les éloignait de vous, ou revenir au milieu de vos campagnes, pour vous rendre les services de leur ministère. Mais la méchanceté qui veille toujours, avait mis aux aguets des hommes que l'enthousiasme constitutionnel transportait. Ils viennent se saisir de nos athlètes, les conduisent d'abord au district, du district au département. Là, ils sont interrogés, jugés et condamnés à passer 10 ans de leur vie dans une maison de force, destinée à ne contenir, ou que des gens dont l'esprit est aliéné, ou que des personnes dont l'inconduite et le libertinage ont mérité qu'on les y enferme » (5).

Ces persécutions, qui indignaient l'abbé Monnot, n'étaient qu'un prélude. Elles devaient bientôt faire place à l'effusion du sang.

Pour mettre un terme au zèle des prêtres fidèles qui deve-

----

(4) Les 2 autres étaient l'abbé Pagnot, des Fontenelles, vicaire à la Chenalotte (3.314) et l'abbé Boucon, de Mont-de-Vougney, administrateur de Bonnétage (3.419).

(5). Monnot, « Ce qui était préparé en matière de religion dans l'assemblée nationale », fol. 6.

nait de plus en plus redoutable, la Convention porta, coup sur coup, deux nouveaux décrets. Le 18 mars 1793, la peine de mort fut prononcée contre tout ecclésiastique, dans le cas de la déportation, qui serait arrêté après le délai de 8 jours, sur le territoire français et fit une obligation à tous les citoyens de les dénoncer et même de les arrêter (4. 1).

Mais ce n'était pas assez. Pour atteindre les ecclésiastiques et religieux, même ceux qui n'étaient pas astreints à un serment constitutionnel comme déchargés du service paroissial, la Convention édicta, le 21 et le 23 avril, cette redoutable loi :
— « Art. 1ᵉʳ. — Tous les ecclésiastiques séculiers, réguliers, frères convers et lais, qui n'ont pas prêté le serment de maintenir la liberté et l'égalité, conformément à la loi du 15 août 1792, seront embarqués et transférés sans délai à la Guyane française. — Art. II. — Seront sujets à la même peine, ceux qui seront dénoncés pour cause d'incivisme, par *six citoyens du canton.* La déclaration sera jugée par les directoires des départements sur l'avis des districts. — Art. V. — Ceux des déportés en exécution des articles 1 et 2 ci-dessus, qui rentreraient sur le territoire de la République, seront punis de mort dans les vingt-quatre heures. » (4. 2).

En même temps que les prêtres, on pourchassait aussi, une seconde fois, les suspects. Dans le seul canton de Vaucluse, après plusieurs instances des jacobins auprès du district, on avait saisi 40 fusils de chasse, dont plusieurs avaient été enlevés à des officiers municipaux Il semblait difficile de laisser ces derniers en fonction. Aussi, les avancés de Bretonvillers, au nombre de 25, réclamèrent le renouvellement de leur municipalité, frappée par cette flétrissure publique (3.677). Mais le 31 Juillet, le département, au sein duquel la modération avait pénétré, fit répondre qu'il n'y avait pas lieu de délibérer, jusqu'à ce que les motifs de la destitution demandée eussent été nettement exposés, et, malgré une intervention du district qui se portait garant de l'incivisme des inculpés ainsi que du patriotisme des dénonciateurs, le département continua à faire la sourde oreille (4.172)

Quelques jours après, une lettre fut saisie à la poste, dans le district d'Ornans. Adressée de Cressier, le 26 juillet, par l'abbé J.-B. Huot, de Chamésey, vicaire en chef aux Fontenelles, à son compatriote l'abbé Martin, intrus au Luhier, qui venait de passer au même titre à Flangebouche, elle nous fait connaître, dans une certaine mesure, les conditions d'existence où se trouvait alors le vicaire de Bretonvillers :

« Plusieurs fois, y était-il dit, je vous ai écrit pour vous engager à venir nous trouver. Nous sommes déjà ici sept prêtres de Chamésey (6) ; vous ferez le huitième.

« Ne croyez pas que nous éprouvions ici le moindre désagrément, car je vous assure que de ma vie, je n'ai goûté tant de plaisirs, ni reçu tant de politesses. Tous les prêtres que je connais en disent autant. Il est visible que Dieu est pour nous. Nous avons de tout en abondance, malgré notre grand nombre, car nous sommes plus de trois cents, dans un village de cent quarante feux. Nous avons bon vin, bon pain, bonne viande ; la viande à six sous la livre, le pain à cinq sous et demi, et le vin à cinq sous la bouteille. L'abondance des récoltes faites et à faire, a fait baisser le prix des denrées.

« Plus de 4.000 livres de charités ont été envoyées pour les prêtres de deux villages (Cressier et le Landeron) où nous sommes environ quatre cents ; 1500 livres que le Sénat de Berne envoya tout à la fois et quantités d'autres dons qu'on ne sait pas. Toutes ces sommes viennent des protestants ; il est inconcevable comme ces gens-ci se sont bien montrés à notre égard. Il y a dix-sept prêtres chez un seul protestant. Il y en a plus de deux mille, logés et nourris gratis, dans le canton de Soleure et de Fribourg. Tous les jours on offre des places. Notre abbé Tournoux en a une.

(6). Daigney J. B., de Longevelle, vicaire à Glamondans ; Humbert Alexis, de Longevelle, vicaire à Chambornay-les-Pins ; Rousset Laurent-X., de Chamésey, vicaire en chef à Belleherbe ; Rousset F.-J., de Chamésey, curé à Sainte-Marie-en-Chanois ; Tournoux J.-B., de Chamésey, vicaire en chef à Rosureux ; Tournoux F.-J., de Chamésey, vicaire à Viernierfontaine. Ces deux derniers prêtres, que nous retrouverons dans la suite, étaient capucins. Morey, *Les Capucins en Franche-Comté*, p. 298 (Poussielgue à Paris), présente sur leur compte, des données qui ne sont pas exactes.

« Comment pouvez-vous habiter dans un pays qui chasse les uns et fait égorger les autres. La situation où vous êtes, les désordres qui vous environnent, ne ressemblent-ils pas à ceux qui attirèrent les eaux du déluge et cette pluie de feu et de soufre de Sodome et de Gomorrhe ?..

« Meurtres, crimes, profanations, blasphème, rage, pillage, brigandage, c'est là ramener la religion aux beaux jours de sa gloire ! Sortez, cher ami, de cette Babylone où vous vous perdrez et perdrez les autres » (4.79).

CHAPITRE VII

La Vendée des montagnes

Si les termes dont se servait l'abbé Huot, pour peindre le milieu qu'il venait de quitter, sentent un peu l'exagération, il n'en est pas moins vrai que les souffrances des catholiques étaient dignes de pitié. Voici comment les décrivait l'abbé Monnot lui-même, à cette époque.

« Le juif pouvait avoir une synagogue, y prêcher sa loi, le mahométan une mosquée et y développer son *alcoran,* l'hérétique et l'idolâtre un temple et y annoncer ses folies ou établir ses erreurs. Mais au chrétien, au catholique, il était défendu de se *réunir.* Il était privé de toute instruction. Il n'avait pas même la faculté d'entendre la messe, ou, s'il l'entendait, ce n'était qu'avec des peines extrêmes. Il fallait qu'il se cachât, qu'il allât au loin la chercher. N'a-t-on pas vu des furieux entrer dans les maisons où ils soupçonnaient qu'il y avait des autels, mettre en pièces les images, briser le crucifix, déchirer les vêtements sacrés qui servaient à la célébration des saints mystères et finir cette horrible scène par les blasphèmes les plus révoltants et par chasser tous les assistants (1).

« Sous le prétexte que les catholiques étaient des citoyens suspects ou qu'ils cachaient des prêtres, on faisait chez eux les recherches les plus inquiétantes. On leur prenait leurs armes, on leur enlevait leurs denrées, on les dépouillait de ce qu'ils avaient, on leur cassait, brisait leurs meubles Encore si la scène s'en était tenue là. Mais que d'injures ne fallait-il pas qu'ils essuyassent, que de traitements indignes n'étaient-ils pas obligés d'endurer! On en a vu saisis au corps, jetés et traînés par terre, menacés par un glaive suspendu sur leurs têtes, frappés, mutilés et tués ! » (2).

A toutes ces persécutions vinrent se joindre encore les réquisitions militaires et les enrôlements forcés.

Aussi, de son exil, l'abbé Monnot entendait ses fidèles gémir et se plaindre « Après nous avoir ravi notre culte, nos ministres, nos temples, nos autels, nos sacrifices, notre religion, on nous enlève encore nos biens, nos enfants, notre pain, nos vêtements, notre propre subsistance ! Quand viendra donc, ô mon Dieu, le terme de nos maux » (3).

Après l'avoir attendu longtemps du ciel, les catholiques des montagnes pensèrent qu'il fallait travailler plus énergiquement à l'obtenir et c'est alors que prit naissance ce soulèvement qu'on a appelé, trop solennellement, la petite Vendée.

L'initiative en fut attribuée aux prêtres relégués à Cressier (4.424) C'est une calomnie du directoire départemental. Les malheureux déportés se tenaient en relations plus ou moins suivies avec leurs populations, et les documents attestent que l'abbé Monnot lui-même écrivit plusieurs lettres et instructions aux gens de Bretonvillers (4). On constate la

(1) Monnot. « Ce qui était préparé en matière de religion par l'assemblée nationale », fol. 7 et 8.

(2) « Ibid », fol. 7.

(3) « Ibid », fol. 3.

(4) Monnot, « Instructions manuscrites » et 5.462.

présence fréquente des proscrits au milieu des paroisses catholiques, dans le cours de la Révolution. Mais aucune preuve ne permet d'affirmer leur participation à la révolte. Il y a plus, si celte révolte eût été leur fait, nul doute qu'elle eût présenté un caractère d'organisation dont elle fut totalement dépourvue

La première étincelle du feu qui allait éclater, doit être cherchée, non pas à Sancey, comme le veut Sauzay (4.38), mais à Bretonvillers même, ou plus exactement entre ce village et Plaimbois-du-Miroir, au hameau mitoyen de Gigot, sur le confluent de la Reverotte et du Dessoubre (4.470).

Sous l'influence de l'irritation générale, il s'y forma le dimanche 25 août 1793, un conciliabule des catholiques du pays, au nombre d'une vingtaine. Y figuraient notamment J.-B. Verdot, de Bretonvillers (5.663), P.-Et. Tournoux, de Chamésey (5.634), Ign.-L. Boillon, des Louisots de Laval (5.653), Alexis Bobilier. domestique à Bretonvillers, vraisemblablement au service de Claude-François Verdot, dit le fils de la Veuve.

A Avoudrey, une réunion analogue eut lieu, le même jour, (4.471), et l'on connut bientôt dans la région qu'il se préparait quelque chose (4.468).

Le secret des résolutions qui furent prises n'a été trahi par aucun document, mais la suite fait assez voir que l'on délibéra surtout de mettre un terme aux persécutions des sans-culottes. Il s'agissait pour les catholiques, de reprendre les armes qu'on leur avait injustement ravies, de désarmer les jacobins eux-mêmes et de solliciter ensuite le retour, dès lors sans danger. de leurs prêtres, dont ils déploraient depuis si longtemps l'éloignement (5).

Le soulèvement n'éclata que le samedi suivant, 31 août, à l'occasion d'un recrutement de volontaires à Sancey. Il se propagea de là, dans tout le voisinage : le 4, il avait envahi Landresse, Eysson, Domprel et la Sommette, et donnait lieu à une rencontre avec les patriotes, en plein village de Pierrefontaine-les-Varans. Pendant ce temps, Vercel organisait la

(5) Besson, *Vie de l'abbé Busson*, page 7.

riposte révolutionnaire, sous la direction de Regnaud, commissaire du district d'Ornans, et menaçait de prendre entre deux feux les inexpérimentés catholiques. Ceux-ci battirent en retraite du côté de Germéfontaine, où ils furent rejoints par de nouvelles recrues que fournirent surtout Bretonvillers, Chamésey, Surmont et la Violette, ainsi que la paroisse des Monts-de-Villers (4.384).

Mais bientôt, tout allait être en mouvement d'un bout à l'autre du département. Les jacobins, prévenus par de zélés patriotes, massaient des troupes avec du canon, du côté d'Ornans, Morteau et Baume, et de crainte d'être cernés, les Vendéens groupés entre Domprel et Germéfontaine battirent en retraite sur le Russey (4.390).

Il fallait toutefois éviter Pierrefontaine, rempli de terroristes, et les insurgés se divisèrent en deux colonnes distinctes, l'une qui passa au Nord, et l'autre qui passa au Sud du bourg sans-culotte.

Le groupe du Nord qui comprenait, sans doute, les catholiques du pays, traversa Bretonvillers. Dans la nuit du 4 au 5, il se concentra chez Jean-Joseph Gouverd, avec participation de Claude-François Verdot-Bourdon, et, sans tarder, procéda au désarmement des avancés de cette commune (6).

L'un de ceux qui se signalèrent dans le cours de cette opération, fut Alexis Bobillier, le domestique déjà mentionné. Il devait payer de sa tête un incivisme aussi notoire (4.470).

Cependant il fallait continuer le mouvement de retraite sur Plaimbois-du-Miroir. Vers le soir du 5, les insurgés y arrivèrent et furent reçus à bras ouverts, car les habitants du Plaimbois comptaient à peine cinq jacobins dans leur commune (4.390).

Un autre groupe, comprenant les insurgés de Flangebouche et d'Avoudrey, rejoignit le gros de la troupe sur le plateau du Plaimbois. Mais, pendant la nuit du 5 au 6, un grand nombre de ces catholiques découragés par les symptômes de résistance, prirent la fuite et regagnèrent leurs paroisses

____

(6) Registre des délibérations du comité de Vaucluse, 9 et 23 octobre 1793. (Aux archives du Doubs) et 5.633.

(4.391). Le reste, presque sans armes, sans munitions et sans chef se remit en route pour la Suisse. Au Grand-Communal, elle se heurta à l'une des bandes patriotes qui devait l'enserrer de plus en plus et après un simulacre de combat, les insurgés se débandèrent et s'enfuirent contre la Suisse dans un désarroi lamentable (4.399). La majeure partie des fuyards alla rejoindre les prêtres à Cressier et au Landeron (4.442).

Telle fut cette équipée qui donne une idée pitoyable de l'esprit d'organisation dans nos montagnes (7) et qui grandit d'autant la résistance analogue des Vendéens. Elle n'eut d'autre résultat que de provoquer les représailles des jacobins et de pousser jusqu'à l'effusion du sang, les persécutions qu'elle prétendait éviter.

Et en effet, le Conseil d'Etat de Neuchâtel refusa d'accueillir les fugitifs sur son territoire, et l'on put, grâce à cette mesure, les cueillir presque sans difficulté à leur rentrée forcée en France, pour les livrer aux tribunaux révolutionnaires (4.420). Le chiffre des arrestations fut considérable ; il s'éleva jusqu'à cinq cents et porta sur toutes espèces de personnes, même celles qui étaient restées dans une passivité exemplaire (4.431).

C'est ainsi que, dès le 5 septembre, les révolutionnaires arrêtèrent Nicolas-Joseph Briot, procureur de Belleherbe (8), pour avoir accordé l'hospitalité à des prêtres réfractaires et en particulier à l'abbé Monnot, desservant de Bretonvillers, et pour avoir donné des conseils aux chefs du soulèvement. Il fut, après interrogatoire à Saint-Hippolyte, renvoyé dans ses foyers, mais pour y rester détenu sous caution. Enfin, il fut destitué le 17 octobre (4.181).

---

(7) « En général, les Suisses sont stupéfaits d'avoir vu de pareilles bêtes. Je ne finirais pas, si je vous retraçais ici toutes les simplicités qu'ils ont dites et qui marquent que ce sont généralement des imbéciles trompés par des fourbes » (opinion de Fr.-Jos. Mairot, greffier de la municipalité à Charquemont, 4.418).

(8) Sauzay dit à tort (4.240 et 5.128) qu'il était maire ; le tableau (4.664) donne son véritable titre. D'autre part, la date du 5 septembre me paraît prématurée.

Pour Bretonvillers, il est hors de doute que le plus grand nombre des contre-révolutionnaires échappèrent aux malheurs qui les attendaient, en regagnant leurs demeures, dans la nuit du 5 au 6, avant la déconfiture générale. D'autres qui s'étaient gravement compromis dans cette affaire, pénétrèrent en Suisse, comme émigrés. Ainsi en fut-il de X. Boillon, Claude-Honoré Pillot, Joseph Verdot-Bourdon, Joseph Verdot, tous cultivateurs (5.665, 673 et 676).

CHAPITRE VIII

Représailles

Les patriotes s'empressèrent de déchaîner leur vengeance, avec d'autant plus de fougue qu'ils venaient de rencontrer une résistance plus inopinée. La tradition rapporte que ceux de Bretonvillers allèrent chercher du renfort à Pierrefontaine. Une troupe de pillards s'introduisit à la cure. Ne pouvant faire tomber ses représailles sur la personne de l'abbé Monnot, elle les exerça sur le domicile de celui qu'elle considérait comme un ennemi personnel et la cause, sinon l'agent, de la résistance qu'on opposait au jacobinisme. Après avoir sévi contre les portes, les fenêtres et les meubles de la cure, elle s'empara du vin que renfermait la cave. On tua un bœuf qui compléta la bombance, et l'un des chefs, après le festin, couronné de feuilles de chêne, se pavanait sur un cheval blanc à travers les rues du village et s'écriait, en indiquant du geste son diadème : « Savez-vous ce que cela signifie ? C'est que la Révolution durera autant que le chêne ».

Quoi qu'il en soit de ce récit, il est certain que les énergumènes assouvirent une partie de leur rage sur les écussons

fleurdelysés qui surmontaient les fenêtres de Jacques-
François Boillon (aujourd'hui maison Veuve Charles Huot-
Marchand).

On s'attaqua ensuite à François-Joseph Verdot, auquel on
fit un grief capital de n'avoir pas usé des moyens que lui
conférait la loi, en sa qualité de maire, pour étouffer la petite
Vendée dans sa commune. Il fut arrêté en son domicile, et
dirigé sur Maîche où l'on concentrait tous les inculpés de
résistance.

De plus, un maire aussi suspect devait avoir contaminé son
conseil. Une révocation générale engloba toute la municipalité (1) et les élections nécessaires pour la remplacer, eurent
lieu sans désemparer, le 8 septembre 1793, en la résidence de
Cl.-Fr. Huot Marchand, régent (aujourd'hui maison Xavier
Chopard), à la réquisition du district de Saint-Hippolyte,
convoquant par affiche sur la place publique, tous les citoyens
âgés de vingt-et-un ans et au dessus (f. 25).

Ces élections donnèrent lieu aux jacobins de Bretonvillers,
d'entonner un chant triomphal. Furent élus, Jean-Joseph
Huot-Marchand, maire (c'était le cousin paternel du régent),
Alexis Simon et Alexis Clerc, municipaux, Jean-Guillaume
Huot-Marchand (2), procureur, Claude-François Huot-
Marchand, ancien membre du district, notable, avec 5 autres
(f. 25).

Et, dès le lendemain, par la plume de Jean-Joseph Huot-
Soudain, greffier, l'assemblée électorale délibérait avec

(1) Cette destitution a échappé à Sauzay qui n'en fait mention ni dans
le cours de son histoire, ni dans le tableau des révocations opérées au
district de Saint-Hippolyte (4.664).

(2) Ce Jean-Guillaume avait un fils, Claude-François, né le 27 avril
1771, lequel fit une brillante carrière militaire. Il mourut trop tôt, à 38 ans,
en Catalogne, pendant la guerre d'Espagne, avec le grade de chef de
bataillon au 93e d'infanterie (R. 4 juillet 1809). Curieux constraste des opinions : Jean-Guillaume avait donné à son fils, comme parrain, l'abbé
Verdot, vicaire à Saint-Loup, frère de sa femme, Jeanne-Thérèse et oncle
de François-Joseph Verdot. La Révolution produisit une scission entre
cet homme et sa famille et le poussa jusqu'au jacobinisme le plus véhément. Etait-ce par ambition pour son fils ? De tels calculs se voient
encore.

emphase, sous la dictée, sans doute, de l'émissaire du district :

« Aujourd'hui, neuf septembre, mil sept cent quatre-vingt-treize, an second de la République française, une et indivisible, sur la place publique de Bretonvillers, et par nous, procureur syndic du district de Saint-Hippolyte, commissaire pour le rétablissement de l'ordre et de la paix au dit lieu, se sont réunis tous les citoyens dudit lieu, soussignés, lesquels ont témoigné un repentir le plus sincère, du moins les plus fanatiques, de s'être laissés séduire par de faux dévots, qui les ont trompés, sous de faux prétextes, ce qu'ils ont reconnu en jurant fidélité à la République ; de la maintenir une et indivisible ; de suivre exactement les lois qui émaneront du sanctuaire législatif ; de reconnaître toutes celles qui en sont sorties, et de les observer ; de respecter les personnes et les propriétés ; de ne jamais reconnaître aucun despote pour maître, de triumvirat, de seigneur, ni de roi, à qui ils vouent une haine implacable ; qu'ils veulent la liberté et l'égalité qui leur est acquise par les lois et donnée par la nature ; qu'ils ne reconnaîtront jamais d'autres souverains que les représentants qu'ils se choisiront et qu'ils obéiront à toutes les autorités légalement constituées ; qu'ils dénonceront et livreront aux tribunaux quiconque s'écarterait de ces principes ; qu'ils jurent de vivre dans une parfaite union et d'oublier toutes les querelles qui les ont divisés jusqu'à ce jour ; qu'ils donnent leur confiance entière à la municipalité qu'ils viennent de choisir.

Délibéré à l'unanimité, sur la place publique dudit lieu, en présence de la garde nationale de Saint-Maurice et autres lieux, et du susdit commissaire, et ont arrêté que la présente serait consignée sur les registres du conseil général de la commune, et ont signés.

Les patriotes ont demandé que leurs armes leur soient rendues, ce qui leur a été promis, ainsi que leurs munitions, à peine de droit » (3) (f. 26 et 27).

Cependant, la nouvelle municipalité se rendit compte bientôt, qu'il importait de mettre à l'abri de nouveaux pilla-

____

(3) Suivent 64 signatures.

ges le presbytère, désormais ouvert à tous les vents. Aussi, le 1er octobre 1793, en vertu d'une ordonnance du procureur syndic du district de Saint-Hippolyte, obligeant d'apposer les scellés dans toutes les maisons des déportés et autres maisons de suspects en état d'arrestation, absents ou non, elle procéda à « l'inventaire des effets appartenant au citoyen Pierre-Joseph Monnot, prêtre, desservant ci-devant la paroisse de Bretonvillers.

« Comme quantité des susdits meubles, expose le procès-verbal, ont été dispersés dans plusieurs maisons dudit Bretonvillers, nous avons fait la perquisition chez plusieurs particuliers, pour en faire la réunion. Mais pour plus de sûreté, nous en avons déposé une certaine quantité chez le citoyen François-Xavier Martin, vu que la maison presbytérale est toute délabrée et que les serrures des portes ont été enlevées ».

L'énumération des effets mobiliers appartenant au vicaire en chef, s'étend sur quatre pages et dénote une certaine aisance. Nous relèverons plus spécialement : « une commode garnie de cuivre jaune, un tableau de la Vierge, dix-neuf tonneaux de différentes grandeurs, 51 pièces d'étain tant plats qu'assiettes et plats de soupe, 66 pièces de faïence et plusieurs tasses à café, une grosse bouteille à vinaigre et une vingtaine d'autres bouteilles, deux douzaines de gobelets, 3 cafetières, 31 nappes ouvragées et autres, en tout 84, 27 draps de lit, un cabaret propre à porter le café sur la table, un couteau propre à couper les choux pour faire la *salcroul,* une mappemonde, un grand Christ en bois noir, une pendule qui est chez Jacques-François Boillon, etc... » Aucun livre n'est mentionné.

Cet inventaire était destiné à mettre en sûreté les biens du déporté, considérés comme acquis à la nation pour être vendus aux plus offrants (3.439).

Ils le furent d'ailleurs. Nous en avons pour garant le propriétaire lui-même qui, de sa main, l'attesta plus tard sur le procès-verbal, où nous venons de puiser, en y inscrivant cette note : « *Inventaire des effets appartenant au citoyen Pierre-Joseph Monnot, vendus au profit de la nation* ». La date de la vente fait malheureusement défaut.

Mais, se venger n'était qu'une partie du programme révolutionnaire. Les jacobins devaient, en outre, prévenir un renouvellement de résistance. Aussi, furent-ils enchantés de la loi sur les suspects, que fit passer Merlin de Douai, le 17 septembre 1793 (4.482), et des injonctions envoyées, le 25 septembre, par Bassal et Bernard (4), proconsuls en mission dans le Doubs, relatives à la création de comités de salut public (4.594).

Charmoille qui possédait un club actif et nombreux, était désigné comme le centre du comité cantonal de Vaucluse. Le 5 octobre, 200 patriotes s'y réunirent et choisirent 53 des plus purs d'entre eux, pour en faire les membres du bureau (5.120). François-Joseph Beurthelot, Cl.-François Huot-Marchand, régent, J.-J.-J. Huot-Marchand, son frère, P.-Joseph Clerc, et Jean-Alexis Simon, de Bretonvillers, figuraient parmi les élus (5.639).

Le comité commença par décider que le prieuré des bénédictins de Vaucluse, servirait de prison aux suspects et que tous ceux qui seraient enfermés, ne pourraient ni recevoir, ni écrire aucune lettre, sans qu'elle fût examinée par 4 membres du comité ; que les parents des prisonniers ne seraient admis à les visiter qu'après avoir été fouillés et, enfin, que tous ceux qui seraient reclus à domicile contribueraient aux frais de garde et d'entretien de la prison (5.122).

Puis, les listes de proscriptions furent successivement publiées Sur seize communes, Bretonvillers occupe le second rang pour le chiffre des détenus, (douze) et le premier pour le chiffre des reclus (sept) condamnés par le comité. C'est dire combien les passions s'étaient déchaînées depuis le départ de l'abbé Monnot, car on peut affirmer sans témérité, que ces persécutions furent le fait des autorités de la commune qui figuraient dans le groupe révolutionnaire (5.122) (5).

Le 9 octobre 1793, en la séance du comité de Vaucluse, tenue à Charmoille, un membre dit « que Jean-Joseph Gouverd, de Bretonvillers, avait souffert chez lui le rassemblement de ceux qui ont désarmé les patriotes, depuis le 4 au 5

---

(4) *Bernard de Saintes*, par Armand Lods, dans les *Mémoires de la Société d'Emulation* de Montbéliard, 1888, page 117.

(5) Sauzay présente une erreur dans cette page. Il y eut d'abord 4 détenus et 6 reclus de Bretonvillers, mais ce chiffre monta respectivement à 12 et à 7. Voir le tableau *ad calcem*, p. 97.

septembre dernier, et qu'il doit être mis en état d'arrestation comme suspect, suivant la loi du 12 août et du 17 septembre dernier ».

« Un autre membre a dit que Claude-François Verdot, de Bretonvillers, dit le fils de la Veuve, était suspect pour avoir dit à son domestique de se transporter au dit désarmement et devait être déclaré suspect.

« Ces faits mis en délibération, il a été arrêté que le dit Gouverd était suspect et serait conduit en arrestation dans la maison de réclusion de Vaucluse, pour y rester suivant les dites lois et que le dit Verdot serait mis en arrestation chez lui, jusqu'à nouvel ordre ».

Mais à cette époque, surgit un tribunal bien autrement redoutable encore, c'était le tribunal révolutionnaire qui jugeait à Maiche les Vendéens. Outre le maire de Bretonvillers, il devait juger trois autres citoyens de cette commune, arrêtés dans l'intervalle : Fr.-Joseph Pêcheur, J.-Ign. Sarron et Modeste Boillon (4.671). Le 21 octobre, les quatre accusés comparaissaient devant les hommes de sang que l'on avait nommés juges, sous la présidence d'Antoine-Melchior Nodier, de Besançon (4.462).

Après interrogatoire, Joseph Pêcheur, cultivateur et cloutier au Val de Bretonvillers, fut convaincu d'avoir tenu des propos séditieux. Toutefois, il ne se trouva personne pour établir, autrement que par des soupçons, sa participation au soulèvement de septembre et au désarmement de quelques citoyens. Mais son incivisme et sa résidence sur le territoire de la République ayant été un sujet de trouble et d'agitation, il fut condamné à 10 ans de déportation à la Guyane (4.463). Il alla seulement jusqu'à Lorient, où il fut enfermé sur les pontons et où sa détention prit fin au moment de la réaction produite par le 9 thermidor (7.8).

Jean-Ignace Sarron, domestique à Bretonvillers, convaincu d'avoir fait partie de l'attroupement, soupçonné d'avoir concouru au désarmement des patriotes, dut demeurer en état d'arrestation, jusqu'à ce qu'un décret de la Convention eût statué à son égard.

Le tribunal déclara ensuite, que Modeste Boillon, tailleur à Bretonvillers, n'était pas suffisamment convaincu d'avoir fait partie de l'attroupement, mais qu'il l'était d'avoir tenu

des propos inciviques et d'être notoirement suspect d'aristocratie et d'incivisme.

Quant à Fr.-Joseph Verdot, cultivateur au Saucet, maire
révoqué de Bretonvillers, il ne fut pas prouvé qu'il avait fait
partie de l'attroupement ; mais convaincu d'incivisme et
d'avoir négligé d'employer les moyens que la loi mettait en
son pouvoir pour prévenir le désordre, il fut condamné à
demeurer, ainsi que Boillon, en état d'arrestation jusqu'à ce
qu'un décret de la Convention eût déclaré que la patrie n'était
plus en danger (4.464).

Dans la même journée, malheureusement, cinq montagnards
avaient été condamnés à mort, ce qui portait à 19 le nombre
des victimes de la Terreur, guillotinées à Maîche (4.473).

A la même heure, 30 vendémiaire, an 2 (21 octobre 1793),
dans sa soif insatiable de sang, la Convention portait une loi
qui ne permettait pas à l'abbé Monnot de rien envier à ses
ouailles : « Les ecclésiastiques, y était-il dit, qui rentreront
sur le territoire de la République, après avoir subi un interrogatoire dont il sera tenu note, seront, dans les 24 heures,
livrés à l'exécuteur des jugements criminels et mis à mort
après que les juges du tribunal auront déclaré que les détenus
sont convaincus d'avoir été sujets à la déportation » (6).

La présence de la guillotine à Maîche, fut pour le comité
central de Charmoille, l'occasion d'une nouvelle séance et le
prétexte à de nouvelles vexations, car, il lui parut qu'il restait
beaucoup à faire après les décisions du tribunal révolutionnaire.

Le 23 octobre, en la séance tenue à Charmoille, Claude-
François Verdot-Bourdon, de Bretonvillers, prévenu de
s'être trouvé à l'assemblée des aristocrates, chez Jean-Joseph
Gouverd du dit lieu, pendant la nuit du 4 au 5 septembre,
fut reclus en son domicile ; Jean-Baptiste Verdot, du dit, frère
de Claude-Joseph et du curé d'Ormoy, prévenu de s'être
trouvé à l'assemblée des aristocrates à Gigot, le 25 août
dernier ; Pierre-Joseph Gaume, déclaré suspect pour ne pas
avoir accepté la constitution républicaine, quoique présent à

---

(6) Monnier. *Le clergé de la Haute-Saône pendant la Révolution*, p. 82
et 4.63.

l'assemblée primaire ; Alexis Gaume, prévenu d'être commissionnaire des prêtres déportés ; Jacques-Joseph Chopard, prévenu d'avoir laissé dire la messe chez lui, par des prêtres déportés, furent tous mis en état d'arrestation à domicile, jusqu'à nouvel ordre.

Marie Receveur, femme de Jacques-François Boillon, de Bretonvillers, fut prévenue d'avoir prêché le fanatisme et d'avoir cherché à détourner son beau-frère (l'un des prêtres déjà nommés), de reconnaître l'évêque constitutionnel. De plus, le citoyen Emonin, de la Violette, officier de santé, « ayant un malade fanatique à Bretonvillers, la dite Receveur ne voulut pas qu'il l'aille voir, crainte qu'il ne le fasse devenir patriote ». Elle fut condamnée à être mise en arrestation à Vaucluse.

Ludivine Boillon, servante de Monnot, ci-devant prêtre à Bretonvillers, prévenue d'être porteuse de nouvelles des prêtres déportés, chez qui les suspects s'assemblaient à leur retour ; Marguerite, fille de feu Claude-Joseph Chopard, de Bretonvillers, prévenue d'avoir retiré chez elle des prêtres déportés, subirent la même peine (7)

Cependant, jusque-là, Bretonvillers n'avait fourni aucune victime à la guillotine, alors que les villages environnants, à peu près tous, comptaient des leurs sur le champ de mort. Sans pouvoir l'affirmer, nous soupçonnons que cette particularité est attribuable à l'influence de Cl François Huot-Marchand, le régent. L'épuration à laquelle on avait procédé dans le district, lui avait restitué ses anciennes fonctions d'administrateur (4.667), d'où l'avaient exclus les suffrages de ses compatriotes, en novembre 1792 (3.808). Bientôt même, il reçut de la *Société populaire* de Saint-Hippolyte un brevet de jacobinisme plus explicite. Invitée en conformité de la lettre du comité de Salut public, en date du 23 frimaire, an 2 (13 décembre 1793), à présenter un tableau des citoyens aptes à exercer des fonctions, elle désigna entre autres « Cl.-François Huot, de Bretonvillers, instituteur de la langue latine, âgé de 50 ans, administrateur » (5.684). Il fut malheu-

(7) Registre des délibérations du comité de Vaucluse (aux archives du Doubs).

reusement impuissant à sauver du trépas le cinquième et dernier des inculpés de la petite Vendée à Bretonvillers, Alexis Bobilier. Il avait été capturé après les jugements d'Ornans et de Maîche, et il fut cité devant le tribunal de Besançon, présidé par Rambour. Six témoins déposèrent contre lui, le 11 décembre 1793.

Le premier déclara qu'on avait toujours vu Bobilier se réunir aux gens suspects pour exciter des troubles ; qu'avant l'insurrection, il était allé de maison en maison pour y débiter des nouvelles défavorables aux patriotes et engager les citoyens à se coaliser ; que le 25 août, un témoin l'avait vu au conciliabule de Gigot, avec 18 autres conjurés ; et qu'enfin après avoir désarmé les patriotes de Bretonvillers, il avait suivi les rebelles jusqu'à Bonnétage.

Les autres témoins ajoutèrent qu'ils l'avaient entendu crier : « Vive les *aricots*, nous sommes les maîtres ! A bas les patriotes ! ».

Personne ne l'accusa d'avoir porté les armes.

Ces charges ne suffirent pas à le faire condamner, d'autant plus que l'avocat Jarry présenta sa défense avec une réelle éloquence. Aussi, Rambour demanda l'ajournement de la sentence

Vingt jours après, le 31 décembre, le procès fut repris. Rambour avait eu le temps de mander 7 autres témoins, mais surtout, de faire oublier la plaidoirie de Jarry.

Aussi, quoiqu'on ne pût articuler aucun fait nouveau à la charge de l'accusé, le tribunal le condamna à mort, pour avoir été l'un des instigateurs de l'émeute, le complice de ceux qui avaient violé l'asile des citoyens pour piller leurs armes ; pour avoir trempé dans un complot tendant à troubler l'Etat par une guerre civile, en armant les citoyens les uns contre les autres, et enfin, pour avoir tenu des propos séditieux et contre-révolutionnaires.

Le malheureux Bobilier fut guillotiné, le jour même, sur la place de la Loi, à Besançon. Ce fut la dernière exécution relative à la petite Vendée (4.478) (8).

(8) On se demande par suite de quelle ironie, Bobilier figure dans la liste, dite 6e, des émigrés du département du Doubs, dressée le 26 thermidor an 4 (13 août 1796) (5.677).

CHAPITRE IX

Le triomphe de la Terreur

De son exil, M. Monnot suivait avec une anxiété poignante, la marche des événements Le cœur du prêtre saignait à la vue des ruines accumulées dans sa desserte.

« Ce n'eût pas été pour moi, écrivait-il à ses paroissiens, une petite consolation, si, dans le lieu de mon exil, j'avais appris que, dociles à mes leçons, vous étiez restés fermes et que rien n'avait pu vous ébranler. Mais, hélas, bien loin qu'une nouvelle si satisfaisante, vint adoucir mes peines, une assurance tout opposée ne fait que les augmenter. Outre ceux qui avaient déserté l'église avant mon départ, il m'est revenu que plusieurs autres encore l'avaient abandonnée ; et malheureusement, la chose n'a été que trop vraie » (1).

Ailleurs, parlant de ceux qui étaient demeurés fermes et inébranlables dans la foi : « J'ai appris avec douleur, gémissait-il, que c'est le très petit nombre » (2).

Et, en effet, la Révolution, disons mieux, la Terreur était bien entrée et bien ancrée à Bretonvillers.

Le seize nivôse, an 2 (5 janvier 1794), les patriotes de Bretonvillers nommaient deux des leurs, Jean-Jacques-Joseph Huot-Marchand et François-Joseph Beurthelot, « pour remplir les fonctions de surveillants dans le comité du canton », réorganisé en exécution de l'arrêté du 22 frimaire (12 décembre 1793), du citoyen Bassal, représentant du peuple (f. 30).

Peu après, toujours en nivôse, Beurthelot donnait sa démission en la motivant d'une singulière façon.

« Officier public et percepteur des deniers de la commune, me voyant ainsi surchargé et endommagé par des pertes considérables, n'ayant, pour toute ressource, que le produit

(1) Monnot, « Conférence sur le schisme », Cressier, 1794 (fol. 1).
(2) Monnot, « Instruction aux paroissiens », Cressier (fol. 2).

de mon travail... je fais opposition à la charge de surveillant, parce que je ne peux pas surveiller les autres, étant moi-même dans un cas où je dois être surveillé par tous les habitants de la commune » (fol. 31).

Cet homme, on le voit, se lassait de jouer le rôle de persécuteur. Mais il n'en fut pas de même pour son acolyte dont la présence était loin d'être favorable aux catholiques de son village. Le 10 janvier, les six habitants de Bretonvillers que nous avons vus condamnés à la réclusion domiciliaire, savoir : Cl.-F. Verdot. l'ancien procureur, Cl.-.F. Verdot-Bourdon, J.-B. Verdot, Alexis Gaume, P.-Jos. Gaume et Jacques-Jos. Chopard, furent écroués au prieuré de Vaucluse (5.641).

Il y eut, dans d'autres communes, des emprisonnements de ce genre, mais nulle part la mesure n'engloba la totalité des reclus à domicile. Ce fait seul prouve l'animosité du jacobinisme rural dans cette localité, autrefois si paisible.

Une nouvelle victime vint y rejoindre toutes les autres mais sans l'intervention du comité. C'était le maire révoqué François-Joseph Verdot. Condamné, comme Vendéen, par le tribunal révolutionnaire de Maîche, à rester en réclusion, il avait présenté une requête à ses juges pour être « renvoyé en arrestation dans sa commune, à la disposition du comité de surveillance révolutionnaire du canton, en justifiant qu'il n'avait pu, à cause de l'éloignement du Saucet, s'opposer au désordre et que, par ailleurs. il était seul avec quatre sœurs à faire valoir environ 25 journaux de terre ».

L'accusateur public, Rambour, répondit dédaigneusement, le 26 décembre 1793, que « l'exposant n'avait qu'à attendre la désignation du bâtiment national qui lui serait réservé par l'administration du département, en conformité de l'article 6 du décret du 17 septembre 1793 (vieux style), relatif aux personnes suspectes » (3). Quelques semaines après, l'ex-maire de Bretonvillers retrouvait ses administrés dans le ci-devant couvent de Vaucluse.

Tous les frais d'incarcération, de subsistance et d'entretien étaient d'ailleurs à la charge des détenus, et l'on comprend si les révolutionnaires se chargeaient d'exploiter une mine

(3) Requête de F.-J. Verdot, dans les papiers de M. l'abbé Louis Gouverd.

complètement à leur merci ! Il en coûta 12.000 livres à M. Perrot, d'Ebey (commune de Belleherbe), pour sa seule quote-part (5.127).

A côté de ces vexations des Jacobins, il faut mettre en regard le dévouement des prêtres restés fidèles aux populations qu'ils administraient. Fréquemment, ils affrontaient la mort, tantôt l'un. tantôt l'autre, pour se retrouver au milieu des catholiques, les fortifier, les sanctifier.

Le 15 février 1794, l'un des abbés Roch, de Provenchère, faisait deux baptêmes à Bretonvillers (4). Dans le cours de la même année, le 22 octobre et le 5 novembre, c'était l'abbé Renaud, de Plaimbois-du-Miroir, qui venait à son tour exercer un ministère aussi consolateur pour les fidèles, que périlleux pour le pasteur (5). Et tant que dura la persécution, il y eut, à intervalles variables, des visites du même genre effectuées par les vaillants confesseurs de la foi.

Pendant ce temps, les exaltés pourchassaient, non seulement leurs personnes, mais encore leurs biens. Le 27 février 1793, les deux neveux de l'abbé Monnot : Claude-Alexis et Pierre-Antoine-Désiré, étaient obligés de protester au greffe de la municipalité de Surmont, contre la confiscation dont étaient menacés leurs biens, comme appartenant en partie au déporté. Ils établissaient « que la généralité des biens dépendants des successions de Jacques-Antoine Monnot et de Jeanne-Antoine Piguet. sa femme, leur appartenaient à l'exclusion du dit Pierre-Joseph Monnot, et que même en qualité de tuteur et d'après son compte de tutelle, en 1782, l'abbé Monnot s'était rendu leur débiteur de plus de 2.000 livres » (6).

Ces prétentions du fisc étaient d'autant plus discutables que la municipalité de Surmont, questionnée par le citoyen Jeanmaire. commissaire, sur la fortune de Monnot, avait déclaré antérieurement « n'avoir aucune connaissance de ses biens que de sa pension cléricale » (7). Les sources officielles

---

(4) Registre paroissial, nᵒˢ 28 et 70.
(5) Ibid, nᵒˢ 30 et 29.
(6) Registre des délibérations de Surmont, fol. 50.
(7) Ibid, fol. 47.

de renseignements étaient regardées désormais, comme empoisonnées et c'est ailleurs, dans les comités et les clubs, qu'on allait prendre des informations.

Aussi ne faut-il pas s'étonner de leur multiplication, malgré l'arrêté de Bassal (8), représentant en mission, qui voulait les réduire (4.559), en les réservant aux bourgs de mille âmes et au-dessus. Il en fut établi, très ingénieusement, plusieurs dans la circonscription de Vaucluse, grâce à un sectionnement du canton en groupes de chacun 1.000 habitants.

Le 28 germinal, an 2 (17 avril 1794), fut ainsi créé celui de Chamésey, qui comprenait, outre le centre, Belleherbe, Longevelle et Bretonvillers. Cinquante-quatre démocrates avaient présidé à sa naissance. Les élus de Bretonvillers furent Pierre-Joseph Clerc, Jean-Joseph Huot-Marchand, *vétéran*, Claude-François Huot-Marchand dit Robuste, et Etienne-Joseph Huot-Boley (9). Il fut non moins actif que le comité central de Charmoille, grâce au zèle de l'érudit Girod, menuisier, de Belleherbe, dont nous aurons à savourer le style, et de Flajoulot, de Chamésey, chef de bataillon de la garde nationale (5.131).

Le 13 prairial an 2 (1er juin 1794), François-Xavier Gouverd qui avait tenu des propos inciviques, fut dénoncé par un membre du comité, lequel déclara « ne pouvoir faire cette dénonciation que par la rumeur publique. »

Plusieurs témoins furent interrogés à son sujet.

François-Joseph Gouverd, cultivateur, demeurant aux métairies de Bretonvillers (moulin de Belvoir), âgé de 36 ans, déclara que « le 29 floréal, s'étant trouvé à l'auberge Huot-Marchand, dit Robuste, il avait entendu dire à François-Xavier Verdot-Bourdon que, le dit François-Xavier Gouverd avait dit que la tête des patriotes tomberait ».

François-Xavier Verdot-Bourdon, Alexandre Verdot-Bourdon et Jean-Baptiste Verdot-Bourdon, confirmèrent cette déposition ; Claude-François Huot-Marchand, dit le Carme,

---

(8) C'était un prêtre renégat, né en Auvergne, et attaché à l'église Saint-Louis, de Versailles, au début de la Révolution. Constitutionnel régicide, marié, il fut envoyé en mission dans la Côte-d'Or, le Doubs et le Jura, et mourut obscurément en 1802 (4.266).

(9) Registre du comité (aux archives du Doubs).

âgé de 49 ans, déclara « que dans le courant de novembre, en la même auberge, le dit Gouverd lui avait présenté son poing devant la gorge, en lui disant qu'il avait porté de fausses nouvelles au capitaine de la garde nationale du dit Bretonvillers ». A cette époque le témoin était sergent-major de la même garde.

Jean-Baptiste-Xavier Huot-Boley, âgé de 64 ans, déposa que, le 29 floréal, se trouvant devant la maison du prévenu, il l'avait entendu dire à sa femme ou à sa sœur, de le laisser courir (après les patriotes sans doute) ou sinon qu'ils les tuerait tous.

Gouverd fut condamné à être reclus à domicile.

En la même assemblée, l'attention fut attirée sur la personne de Claude-François Verdot le jeune (le fils de la veuve). Il avait été méchamment noté comme émigré, n'ayant, sans doute, jamais approché des frontières (5.203).

Le comité se transporta donc à Bretonvillers, pour y prendre des renseignements sur Verdot et sa fille, et, après plusieurs interrogations, il apprit du citoyen Jean-Baptiste Gouverd, meunier au moulin de Belvoir, que Thérèse Verdot, la fille du susnommé, avait été au moulin, le samedi précédent, après une perquisition de la municipalité, faite le matin même, dans son moulin. Elle avait amené un charriot ferré, presque neuf, et six mesures de blé. François-Joseph Gouverd et Claude-François Gouverd, frères du déposant, confirmèrent ces renseignements (10).

Le comité ne consigna aucune mesure prise ou à prendre au sujet de Verdot, mais huit jours après, le 19 prairial (7 juin), le suspect s'éloignait et, le 3 août 1794, il était suivi dans son exil par sa femme, Marie-Scholastique Perrin et ses deux filles Jeanne-Claude et Thérèse f. 95).

La religion catholique n'avait pas, il s'en faut, les sympathies du comité de Chamésey. Le 22 juin 1794, il fut statué que ses membres prendraient tous les renseignements possibles, dans les communes placées sous sa juridiction, sur la manière dont chacun des habitants avait célébré la fête de l'Etre suprême et que les officiers municipaux de ces communes

(10) **Registre du comité (aux archives du Doubs).**

seraient requis de communiquer tous les renseignements qu'ils pourraient avoir à ce sujet (6.140).

Il ne paraît pas toutefois, que ce zèle pour le nouveau culte ait été du goût de tous les membres du comité. On peut même affirmer que bon nombre d'entre eux, au contact des énergumènes qui dirigeaient presque toutes les administrations, sentirent baisser leurs préventions révolutionnaires. Il en fut ainsi de Jean-Joseph Huot-Marchand.

Le citoyen Girod s'en plaignit et lui écrivit une lettre contresignée par deux autres membres du comité, ses compatriotes, Beurthelot et Cl.-François Huot-Marchand, dit Robuste (29 juin 1794).

« Citoyen : Rien de plus surprenant à notre comité de surveillance de voir que tu fais un mépris de notre comité, d'autant plus que tu ne veux plus assister à nos séances. Il nous paraît que tu aimes mieux fréquenter les ennemis de la République qui sont les aristocrates qui t'entourent. Si vraiment c'est ton sentiment, ne parais plus dans nos séances, car nous serions malheureux d'avoir un ennemi dans notre comité. Nous t'invitons à te rendre dimanche prochain, 18 messidor (6 juillet), à Chamésey, où le comité sera assemblé pour déduire tes raisons de manquement et du mépris de ne plus vouloir te réunir avec tes frères pour déclarer les contre-révolutionnaires les ennemis des républicains.

« Tu nous fais voir que tu es un lâche, que tu approuves tout discours contre-révolutionnaire et contre les lois, parce que nous sommes instruits que tu as été dans des compagnies d'aristocrates que tu as entendu des propos contre-révolutionnaires.

« Si tu étais un vrai sans-culotte, tu ne manquerais pas à nos séances ; tu nous ferais connaître les malveillants qui sont nos ennemis » (11).

Peu de temps après, le 7 juillet 1794, une algarade plus sérieuse encore, fut adressée à un autre révolutionnaire de

---

(11) Registre du comité de Chamésey (aux archives du Doubs). J'ai négligé les fautes d'orthographe, mais on ne perd rien pour attendre le spécimen jovial, qui donnera une idée de la littérature de Girod.

Bretonvillers. Par ordre du citoyen Lejeune (12), représentant
en mission, qui avait remplacé Bassal, Cl.-François Huot-
Marchand, membre du conseil général du district de Saint-
Hippolyte, avec l'administration à peu près entière de Doubs-
Marat (13), fut destitué pour avoir manqué de l'énergie et du
zèle réclamé par les circonstances (5.825). Ce fut la fin de son
rôle politique dans les hautes sphères. Il paraît bien que ses
yeux se décillèrent complètement et que son ambition se
restreignit, dès lors, à une sage modération.

Il rentra à Bretonvillers, où Saladin (14), autre représentant du peuple en mission, devait venir le prendre, en juin
1795, pour en faire le juge de paix de Vaucluse. Cette nomination, en réaction contre les terroristes, est une preuve que
le jacobinisme avait perdu de ses charmes aux yeux du
Régent (7.93). Mais il ne resta pas longtemps en charge. Il fut
bientôt remplacé par Boillon, de Belleherbe (9.520). Il se
retira dans son pays natal pour reprendre les fonctions
d'instituteur de la langue latine et sut seconder, dès 1797 ou
1798, les efforts de l'abbé Breuillot, dans la préparation des
futurs prêtres, destinés à repeupler les sanctuaires désolés
par la persécution (15).

Au comité de Chamésey, on continuait à s'occuper activement de sauver la République.

Le 10 juillet 1794, il y fut déclaré par plusieurs membres
que Jean-Baptiste Boillon, prêtre (16), ex-curé dans le
département de la Haute-Saône, s'était trouvé, il y avait
quelques jours, chez son frère, Jacques Boillon, de Bretonvillers, et qu'il n'y était plus.

« Nous avons délibéré, continue le secrétaire du comité,
qu'il était à propos de requérir la municipalité du dit lieu, de
faire produire sa résidence et démarche dans le courant

---

(12) Il faut lire ce qu'en dit Sauzay (5.812) et le *Moniteur* (séance du 1er
juin 1795).

(13) C'était le nouveau nom de Saint-Hippolyte.

(14) Nommé en réaction contre les terroristes. Voir sur sa vie (7.10).

(15) Mgr Mathieu. *Circulaire à l'occasion de la mort de l'abbé Breuillot*,
23 mars 1837, page 2.

(16) Je n'ai pas retrouvé trace de ce J.-B. Boillon. Peut-être a-t-on
confondu les prénoms et qu'il s'agit de Ferréol-Xavier ou Pierre-Joseph.

de la décade présente... ou d'être regardé suspect et contre les lois (17).

« Il a été déclaré de plus que Françoise Boillon, des Tourniers, était soupçonnée de porter des nouvelles des émigrés aux aristocrates et de proposer l'émigration ; et, même, des membres soussignés, nous ont déclaré que dans le temps des dépositions contre les prévenus du désarmement à la Vendée des montagnes, elle avait déposé pour favoriser le dit désarmement.

« Nous avons délibéré que, comme elle se trouvait très proche des frontières, et par conséquent très dangereuse, il était à propos de la mettre provisoirement en réclusion au prieuré de Vaucluse.

« Les circonstances présentes et la rumeur publique font beaucoup soupçonner d'émigration Marie-Françoise Receveur, femme de Jacques-François Boillon, Claude-Françoise Boillon, ex-religieuse, ainsi que d'autres, tous de Bretonvillers.

« Nous avons délibéré qu'elles soient tenues en réclusion provisoirement. Nous avons requis les officiers municipaux du dit lieu de surveiller de plus près et sur leur responsabilité les susdites... d'en empêcher l'émigration et de prendre tous les renseignements possibles à ce sujet » (18).

CHAPITRE X

Les instances du prêtre

Cependant, l'abbé Monnot, toujours retenu en Suisse, se trouvait toujours de cœur au milieu de ses paroissiens. Pour rappeler à la vie ceux qu'il considérait comme morts, il avait fait un voyage à la Sainte Chapelle d'Einsiedeln, et il se « proposait, au plus tôt possible, d'en faire un second » (1).

(17) Registre du comité de Chamésey (aux archives départementales).
. (18) Registre du comité (aux archives du Doubs).
(1) Monnot, « Instruction aux paroissiens », fol. 7.

Mais il voulut agir en même temps qu'il priait. C'est pourquoi, il s'adressa, le 20 juillet, 2 thermidor, à l'un des patriotes de Bretonvillers, F.-J. Beurthelot, en termes aussi puissants qu'affectueux, « Mon cher Joseph, lui disait-il, je ne puis résister à la pensée de vous écrire. J'ai dit à part moi. « Cet « homme autrefois pensait bien, il a toujours donné des mar- « ques de religion ; il n'est pas possible qu'il ait entièrement « perdu la foi, et peut-être, depuis que la Convention a suppri- « mé le christianisme, aura-t-il ouvert les yeux. »

« Je n'ai pas oublié que vous êtes mon paroissien, malgré ce que vous pouvez en dire. Vous pensez peut-être bien autrement ; peut-être m'avez-vous regardé comme votre plus grand ennemi ; peut-être, si vous m'aviez trouvé au milieu de Bretonvillers, m'auriez-vous donné un coup de fusil ; ou, du moins, vous n'auriez rien eu de plus pressant que de me faire saisir.

« Et pourtant quel mal vous ai-je fait ? Pendant dix ans que j'ai passés au milieu de vous, en quoi vous ai-je nui ? Vous ai-je refusé mes secours ou à quelqu'un de vos parents ? Vous ai-je enseigné une mauvaise doctrine ? Ne vous ai-je pas toujours prêché la paix, l'union, la charité, la justice, la pureté des mœurs.

« Ne vous ai-je pas donné moi-même l'exemple de toutes ces vertus ? Ne vous ai-je pas annoncé qu'on en voulait à notre foi, qu'on avait causé un schisme dans la France ? Ne vous ai-je pas annoncé la perte des mœurs et de toute religion ? L'on ne faisait alors que s'en moquer ; ai-je eu tort ? Où en êtes-vous, mon cher Joseph ? Vous voilà sans Dieu, sans religion, sans Jésus-Christ.

« Vous aviez pourtant défendu à vos représentants de toucher à la religion, et voilà néanmoins comment ils l'ont traitée. Et puis, vous êtes tranquille, et bientôt, dites-vous, vous serez heureux.

« Mais, mon cher Joseph, quel mal avez-vous donc fait, pour que Dieu vous aveugle à ce point ? Quoi ! plus de prêtres, plus d'autels, plus d'autres cérémonies que des chants tout païens, que des danses, en un mot, que des divertissements ! Voilà tout ce que vous faites pour honorer votre Dieu !

« Encore une fois, y pensez-vous ? Auriez-vous cru, il y a cinq ans, que vous en viendriez à ce point ? Nous y voilà cependant.

« Mais, direz-vous, ce n'est que dans les villes qu'on a fait ce train là ».— Eh bien ! je le veux ; mais c'est dans les villes qu'on donne des leçons aux campagnes...

« Que faire ? — Abandonner votre charge et témoigner que vous vous êtes trompé. Vous espérez peut-être que la République s'établira. Jamais, mon cher Joseph, jamais ! Vous avez peut-être encore pour plus de dix ans de guerre. Jamais aucune puissance ne reconnaîtra une République fondée sur des principes impies.

« Vous pouvez porter cette lettre au club » (5.462).

La lettre, en effet, ne fut pas accueillie avec faveur par son destinataire, et c'est sans doute ce qui nous a valu sa conservation dans les archives officielles où elle fut déférée.

L'exil pesait finalement à ces légions de prêtres bannis depuis deux ans et qui remplissaient les villes et les campagnes de la Suisse.

S'ils avaient été bien accueillis par leurs hôtes même protestants, ils étaient trop nombreux pour rester longtemps sans souffrir de leur pauvreté. L'un d'eux ne pouvant manger qu'une fois, tous les deux jours, gardait le lit durant la journée consacrée au jeûne (6 283). Quelques-uns seulement avaient conservé leur soutane. Presque tous portaient d'anciens habits dont le moindre inconvénient était d'être rapés. Des robes de chambre servaient d'habits de visite et de cérémonie (6.291).

On comprend que, dans cette nécessité, les déportés essayèrent plus d'une fois de se créer des ressources par leur travail. Les uns se chargeaient de l'instruction des enfants (6.283). Le plus grand nombre essayait de faire de la broderie, mais il y eut aussi des cordonniers, des forgerons, des horlogers, des laboureurs et des meuniers, des rapeurs de tabac et des fabricants de fleurs artificielles.

A Cressier, où les Franc-Comtois étaient en si grand nombre, l'argent arrivait assez facilement de la frontière et les familles aisées ou les paroisses reconnaissantes secouraient d'ordinaire leurs proscrits. Cependant, il se trouva plus d'un exilé contraint de travailler, et heureux de se défendre de la misère en confectionnant des ruches en paille (6.281) (2).

Une telle situation ne pouvait durer. Aussi, il rentra bientôt un si grand nombre de prêtres que, le 20 juillet 1794, à la veille du 9 thermidor, le proconsul Lejeune en signalait quatre-vingts aux agents nationaux, dans les seuls départements du Doubs et du Jura (5.484). Le district de Saint-Hippolyte, enflammé par les adjurations du représentant, prit des mesures pour déjouer toutes les menées cléricales et fit saisir au bureau de poste de Doubs-Marat, les lettres adressées à des gens suspects (5.488).

Le premier résultat de cette recrudescence de haine, fut à Bretonvillers, l'arrivée, le 1er août 1794, du citoyen Boiston, membre du Directoire, accompagné de deux gendarmes, et « chargé d'apposer les scellés sur tous les titres et papiers appartenant à Gabrielle et Thérèse Boillon, et de fouiller tout leur domicile, s'il ne trouverait pas l'indice qu'elles donnaient retraite à des prêtres réfractaires ou émigrés ». Il avait ensuite à leur faire subir un interrogatoire sur le nom d'un de leurs correspondants et le pays qu'il habitait. Faute par elles de le déclarer, elles seraient traduites en la maison d'arrêt de Doubs-Marat et dénoncées au tribunal criminel. Comme supplément, le citoyen Boiston devait prendre tout renseignement sur l'esprit public de Bretonvillers, pour en rendre compte et rappeler les corps constitués de cette commune à leur devoir (f. 43 et 44).

Les suspectes furent arrêtées sans délai avec Jac.-Franç. Boillon, cultivateur à Bretonvillers, leur père, et, le 4 août, le district écrivait à Rambour, administrateur du département, qu'il lui envoyait les trois suspects avec les lettres, papiers et brochures incendiaires, qui témoignaient de leur culpabilité et notamment de leurs correspondances avec les émigrés. Ecroués dans la maison de justice, les inculpés furent ensuite ex-

---

(2) Pour toute cette période de la déportation, consulter *Mémoires de famille de l'abbé Lambert*, sur la Révolution et l'Emigration, 1791-9, publiés par M. Gaston de Beauséjour, 1 vol. in-8°, XIV-320 pages, 10 fr., Librairie Picard, Paris.

pédiés au tribunal révolutionnaire de Paris. Toutefois, le 19 novembre 1794, leur acquittement fut prononcé grâce aux événements du 9 thermidor (5.452).

Mais dès le 10 août (23 thermidor), de nouvelles arrestations étaient réclamées par le club de Chamésey, séant à Belleherbe (f. 59).

La décision qu'il avait prise, le 10 juillet, contre Françoise Boillon, des Tourniers, n'avait pas eu de suite. Une vieille jacobine, Marie-Angélique Chopard, veuve de Jacques-Etienne Beurthelot, reprit les accusations lancées un mois auparavant contre l'inculpée et déposa l'avoir entendue dire au moment de la petite Vendée : « Nous aurons nos prêtres pour dimanche. Mais il faut désarmer nos ennemis auparavant, et sûrement nous les aurons » (5.131).

Ce nouveau grief, ajouté aux autres, fit écrouer le jour même Françoise Boillon à la prison de Vaucluse (3).

Deux autres personnes, déjà mises en cause le 10 juillet, furent en même temps dénoncées de nouveau au comité. C'étaient Marie-Françoise Receveur, femme de Jacques-François Boillon, et Cl.-F. Boillon, ex-religieuse ; soupçonnées d'émigration, elles furent également condamnées à l'incarcération par le comité. Cet ordre ne fut pas exécuté. La fin de la Terreur, arrivée sur ces entrefaites, paraît en être cause (5.132).

Les prisonniers n'étaient plus, à cette époque, aussi rigoureusement tenus en cellule à Vaucluse. Ils pouvaient même sortir et rentrer assez facilement. Il y eut en outre, des libérations relativement nombreuses, soit définitives, soit temporaires, prononcées par le terrible Lejeune (5.135).

Les comités locaux restaient, eux, intraitables et malgré la facilité d'élargissement accordée par une loi aux prisonniers politiques, la liberté leur était refusée. Bien plus, on menaçait de les transférer à Besançon : la réaction du 9 thermidor ne s'était pas encore fait sentir à Vaucluse (5.139).

Lassés enfin de tant de vexations, les treize détenus qui restaient, parmi lesquels François-Joseph Verdot, s'échappèrent tous, le 5 août, vers neuf heures du soir, au moyen de

---

(3) Registre d'écrou, (aux archives départementales). Cette incarcération n'est pas mentionnée par Sauzay.

plusieurs draps de lit attachés les uns au bout des autres, à une fenêtre fort élevée (4) (5.139).

Cet événement mit en émoi successivement le comité local de Charmoille et le district de Saint-Hippolyte. Mais la Terreur touchait à son terme et les fugitifs ne furent pas trop inquiétés (5.139).

Toutefois, il faut bien reconnaître que la pacification n'était pas du goût de tout le monde. Les réquisitions fournirent alors un prétexte des plus légaux aux persécutions jacobines et, certes, les registres communaux témoignent qu'on sut en user Ce sont presque toujours les mêmes paysans que l'on voit « chargés, soit de conduire chacun une voiture de foin à Belfort, soit de battre le blé pour le salpétrier... etc... à peine de se rendre suspects et d'être traités comme tels (f. 57 et 58, 22 et 28 thermidor, an 2. — 9 et 15 août 1794) ».

Quant à la traque des curés, elle était toujours à l'ordre du jour. Le 11 septembre, le menuisier Girod écrivait « que les fanatiques de sa commune devenaient très fiers, hautains et même menaçants ; qu'ils disaient très haut que, dans peu de temps, ils auraient leurs anciens curés, et que certainement, plusieurs de ces derniers roulaient dans la commune et dans les environs (6.618). »

La fougue de ce politicien de bas étage, était à l'étroit sur son petit théâtre et il faisait rage pour se donner l'illusion qu'il jouait un grand rôle. Malheureusement, de tels hommes jouissent d'une influence considérable et imposent aux honnêtes gens la tyrannie la plus redoutable : celle de la peur.

Ce n'était donc pas le cas, pour l'abbé Monnot, de reparaître à Bretonvillers : aussi restait-il toujours confiné à Cressier. Mais il n'avait rien perdu de son zèle industrieux et énergique. Pour se mettre en relations suivies avec ses

(4) Les autres détenus étaient Célestin Pillot, F. Pillot et Modeste Chouffot, de Mont-de-Vougney ; Eloi Relange et J.-Ign. Simon, de Rosureux ; Reine Journot, de Plaimbois-du-Miroir, incarcérés à la suite de la petite Vendée, par le tribunal de Maiche ; Jeanne-Claire Bailly, de Fremondans (Vaucluse) ; Fr. Beauvais et Modeste Roch, de Provenchère ; Georges Lajeanne, de Feule ; Jean-Laurent Barbier et Cl.-Jos. Barbier, de Pierrefontaine. (La liste de Sauzay est dressée de telle façon que Jean-Laurent Barbier ne porte plus que le nom de Jean-Laurent).

ouailles, il composa plusieurs instructions qu'il envoya à tout hasard (5). Il nous en reste deux datées de Cressier : la première, qui dut être transmise vers cette époque, dont elle porte le millésime, était une conférence sur le schisme. Elle étudie successivement les 5 questions suivantes : « 1° Qu'est-ce que le schisme et quels en sont les effets ? 2° Y a-t-il eu schisme en France et de quel côté ? 3° L'Eglise constitutionnelle a-t-elle été seulement schismatique ? 4° Quand elle n'aurait été que schismatique, n'est-ce pas déjà un grand mal ? 5° Quelle conduite les fidèles devaient-ils tenir pendant le schisme ? »

La seconde répondait à des sollicitations émanées du pays. Voici en quels termes s'exprimait le proscrit :

« Du fond de mon exil, o combien de fois, chers paroissiens, ai-je soupiré après le moment favorable de vous donner de mes nouvelles ? Pour cela, cent fois j'ai pris la plume et cent fois elle m'est tombée des mains. A qui écrirai-je, me disais-je souvent à moi-même ; à des brebis prévenues, séduites, irritées contre leur vrai pasteur. Que leur dirai-je pour les ramener au bercail ? Des vérités, hélas ! qu'elles traiteront peut-être de fanatisme, qu'elles tourneront en dérision et qui n'aboutiront à coup sûr, qu'à les enfoncer de plus en plus dans l'abîme de leur aveuglement. Comment enfin pourrai-je leur faire entendre ma voix à travers les collines et les montagnes qui me séparent d'elles ? Une lettre de ma part pourra-t-elle jamais franchir les barrières que l'enfer a élevées entre nous ? Et cette lettre, si elle venait à tomber dans les mains des infidèles, quelle persécution ne rallumerait-elle pas contre la faiblesse d'une foi déjà si vivement mise à l'épreuve et ébranlée jusque dans ses fondements. Voilà ce qui m'a condamné jusqu'ici au silence à votre égard.

« Mais au moment où j'apprends que l'opinion change, que l'humanité renaît, que la religion ressuscite presque partout ; au moment où j'apprends que le ciel irrité commence à calmer sa fureur, l'enfer déchainé à rentrer dans l'enceinte de ses gouffres, des jours nouveaux et plus tranquilles à luire sur la surface de ma trop malheureuse patrie ; au moment où l'on m'annonce que vous êtes enfin revenus à Dieu et à vous-

(5) Monnot. « Instruction aux paroissiens », (fol. 1).

mêmes, que vous avez arraché ce bandeau fatal qui vous retenait dans l'abîme, brisé des chaînes meurtrières qui vous attachaient si fortement à l'erreur, que vous voilà enfin, la plupart, guéris de cette fièvre infernale qui vous a retenus si longtemps étendus sur un lit de mort ; au moment enfin, où l'on me dit que vous commencez à penser en hommes, en chrétiens, en catholiques, où surtout l'on m'assure que vous désirez un mot de salut, une parole de vie de ma part et que je puis vous la donner sans vous compromettre, ni vous exposer à de nouvelles persécutions, oh ! je ne puis plus retenir ma plume, je ne puis plus m'empêcher de satisfaire à vos désirs en me communiquant entièrement à vous. Je vais donc vous parler en vrai pasteur, en bon père, en sincère ami ; écoutez-moi, mes chers paroissiens, écoutez-moi avec confiance et sans prévention.

« Je ne vous dirai rien, continuait-il, pour vous garantir des atteintes du pasteur faux et mercenaire que vous conservez encore parmi vous, et maintenant que sa chaire de pestilence, comme celle de tous ses collègues est renversée, que son règne comme celui de l'impie est fini, je m'imagine qu'il n'aura plus jamais, ni à la vie ni à la mort, la confiance de personne. Tout ce que je recommande à son égard, c'est de le regarder comme un instrument dont Dieu s'est servi pour vous frapper dans l'excès de sa colère...; c'est par conséquent de bannir de vos cœurs tout sentiment de rancune, de haine, de vengeance que vous auriez pu concevoir contre lui de ce qu'il vous a trompés et conduits si longtemps dans la voie de la perdition ; c'est de former sans cesse des vœux au ciel pour son retour au sein de l'Eglise dont il a égaré les enfants » (6).

Pour en venir aux avis qu'on lui demande, le prêtre distingue trois sortes de personnes : « ceux qui sont restés fermes dans la foi, ceux qui ont failli et se sont relevés avant même la destruction du ministère des intrus, et c'est la multi-

---

(6) Monnot. « Instruction aux paroissiens » (fol. 2). Je n'ai pu découvrir à quel intrus il est fait allusion. Aucun document ne cite de nom pour Bretonvillers. Peut-être s'agit-il de l'abbé Boillon, curé assermenté de Cour-Saint-Maurice, qui abdiqua le 15 novembre 1794 (6.709).

tude, enfin ceux qui persistent dans l'infidélité, et le nombre de ces derniers est très petit. »

A tous il donne de paternels conseils de paix, de charité, de résignation, d'édification mutuelle, de ferveur dans la prière, « car les moments où vous êtes, leur dit-il. sont bien critiques et mille fois plus critiques peut-être, que ceux où vous vous trouviez lors de la persécution la plus ouverte. C'est comme une crise générale qui se laisse en ce moment apercevoir sur toute la France. Finira-t-elle, cette crise par la mort ou la résurrection ? Dieu seul le sait, Dieu seul peut la tourner en bien, la conduire par la miséricorde à une fin heureuse. Faites-lui donc continuellement une sainte violence par la ferveur de vos vœux » (7).

Il se plaint de les voir sans sacrements et sans prêtres. « Je tremble, mes chers enfants, sur vous et pour vous lorsque je vous vois abandonnés pour ainsi dire à vos propres forces, livrés en quelque manière à vous-mêmes, sans presque aucun secours.....

« Si le Seigneur vous fait la grâce d'envoyer quelques anges de paix au milieu de vous, recevez-les avec joie et avec reconnaissance. Honorez-les d'un profond respect. Profitez avec empressement de leur saint ministère. N'épargnez rien surtout pour faire en sorte qu'ils soient en sûreté parmi vous » (8).

Il ne parlait pas encore de rentrer au milieu de ses paroissiens. S'il est vrai de dire que la révolution était finie dans la masse du peuple, il est indispensable d'ajouter que les administrations restaient jacobines. En conséquence, la persécution n'était pas suffisamment tombée pour lui permettre une rentrée sans danger, pas plus qu'aux autres émigrés.

Pour ces derniers, les municipalités étaient obligées de pourvoir longtemps encore à l'entretien de leurs maisons et à la culture de leurs propriétés considérées comme séquestrées. C'est ainsi qu'à partir du 7 vendémiaire, an 3 (17 septembre 1794), nous voyons imposer aux habitants de Bretonvillers, réquisitions sur réquisitions « pour *l'emmatrassement* et se-

(7) Ibid. fol. 8.
(8) Ibid. fol. 8 et 9.

mailles des terres appartenant à Claude François Verdot, émigré » (f. 65 et suivants).

Bientôt, l'action de la municipalité ne suffisant pas, intervient le docte Girod. Nous allons le laisser parler :

« Moi, françois girod, Commisair nomé par ladimistration du distrque de doubs mara à la date du six vendémiair pour la vente des efet des émigré et pour fair condhuire les grain provenan des émigré à leur destination ayan plusier foi Requi verbalment, la municipalité de fair batre les grain provenan de scolastique perrin émigré ce qui non encor xexuté jusqùà ce jour, Ces pourquoi je Requir le maire en sa présence et les oficies municipaux davoir à faire batre les dit grain soi par des Réquisition ou de tel magnier qu'il trouvera convenir dans le plu bref délais auplutar pour le quatre frimaire et de facon qu'il se troue un oficie municipal qui aconpagne les dit bateur pour seurvellier àce que les opération se face en consience et san fraude à bretonvilair le vente sept brumair 3ᵐᵉ ané Républiquaine francois girod commisair. » (f. 74).

Tous les jacobins heureusement, n'étaient pas aussi dédaigneux de l'orthographe que le menuisier de Belleherbe. Ceux de Bretonvillers avaient besoin pour leurs enfants, tout au moins, d'un éducateur à peu près lettré. Ils s'adressèrent à Modeste-Augustin Girard, de Provenchère, ex-maître d'école constitutionnel à Vaucluse. Ce dernier se présenta muni d'un certificat du club et du comité révolutionnaire de Charmoille constatant que, lors de la petite Vendée, en vrai patriote, il avait eu le courage d'abandonner sa femme très malade, pour marcher contre les rebelles.

Cependant, avant l'installation, la municipalité fit des difficultés auxquelles il semble que Cl. F. Huot-Marchand, instituteur lui aussi, ne fut pas étranger.

Le district de Saint-Hippolyte intervint s'écriant : « Voudriez-vous encore afficher à votre honte les stériles idées du temps passé, lesquelles ne sont plus actuellement de saison ? Non ! l'administration ne saurait le croire. Elle vient vous inviter en conséquence à donner suite à l'acceptation que vous avez faite de Girard pour votre instituteur, en tenant la main à ce que la jeunesse fréquente régulièrement son école. Vous ne mettrez pas, sans doute, l'administration dans le cas d'agir de rigueur ici contre vous. » (6.834).

Ce fut seulement le 7 frimaire (27 novembre 1794) que les municipaux de Bretonvillers cédèrent.

Dans le procès-verbal d'installation, Girard promet de se conformer aux livres élémentaires adoptés par la Convention nationale ; « d'inspirer aux enfants l'amour de la patrie, (il se reprend) de leur inspirer l'attachement ardent à la patrie et un attachement invincible à la liberté, avec une soumission entière à toutes les lois » (f. 82).

Il est visible qu'on voulait faire de Girard, comme des autres instituteurs établis à cette époque, des professeurs de jacobinisme. L'occasion était d'autant plus tentante que, les prêtres étant en exil, il n'y avait plus à craindre un enseignement contradictoire.

Nous verrons comment par la force des choses, l'instituteur de Bretonvillers devint au contraire un modéré et fut plus tard en butte aux récriminations du district.

Mais jusque-là, plus d'un assaut encore sera dirigé contre le catholicisme.

Le 30 brumaire an III (20 novembre 1794), Pelletier et Besson (9), représentants en mission, se rencontraient à Pontarlier et prenaient un arrêté qui englobait dans la même condamnation tous les cultes « Les prêtres et autres particuliers, y était-il dit, qui exerceront publiquement un culte quelconque, seront mis en état d'arrestation et poursuivis par les accusateurs publics. Tous les temples seront fermés, tous les signes d'un culte quelconque seront enlevés, etc. (6,402) ».

Après la suppression des églises orthodoxes, on avait donc la ruine de la religion constitutionnelle. C'était un assez beau spécimen de la liberté que voulaient les Thermidoriens, du moins dans le Doubs.

Cependant les prêtres non déportés étaient encore admis à l'existence, mais sous la surveillance des autorités constituées et des comités révolutionnaires (6.403). Il leur suffisait donc de vivre en reclus laïques. Ainsi s'explique la mise en liberté du « citoyen Joseph Boillon de Bretonvillers, curé de Rothonay, détenu à Salins », et que le même Besson pro-

---

(9) Le premier, député du Cher ; le second du Doubs, assez obscur et morts en 1836 et 1849 (5.333).

consul de la Haute-Marne et du Jura autorisa à se retirer dans son pays natal le 27 vendémiaire, an 3 (18 octobre 1794), avec cette restriction qu'il demeurerait sous la surveillance des autorités constituées (f. 84).

Il faut reconnaître que quelques-uns, à Bretonvillers, se chargeaient docilement de l'exécution des décrets, si tyraniques qu'ils fussent. L'agent national, Jean-Guillaume Huot-Marchand « le 17 frimaire (7 décembre 1794), 3me année républicaine et démocratique, requit le maire et les officiers municipaux de faire marché avec quelque ouvrier ou les requérir au besoin pour enlever les croix et autres signes existant dans le territoire, sur le clocher et devant la ci-devant église ». (fol. 86).

Le 1er et le 5 nivôse (21 et 25 décembre 1794) suivants, furent apposées des affiches annonçant que l'on marchanderait au rabais de mettre à bas les croix (fol. 86 et 87). Mais la municipalité de Bretonvillers ne paraît pas s'être émue au même degré, que son agent national.

CHAPITRE XI

Revanche de la liberté.

A d'autres signes d'ailleurs, on reconnaît que la Révolution était finie dans la masse des cultivateurs.

Hugues-Joseph Charmoillaux, de Charmoille, greffier de la justice de paix de Vaucluse, spécialement désigné pour enlever les signes du culte (6.488) et faire l'inventaire des églises dans son canton, écrivait mélancoliquement le 13 janvier 1795 : « L'ouvrage est trop grand. Il y a quatorze églises dans mon canton et aucune des municipalités ne veut faire l'inventaire, il faut que je les fasse tous. Quant aux signes extérieurs, il faut que je fasse des réquisitions (6.588) ».

Il n'y avait pas que le pauvre greffier pour être sur les dents. Le véhément Girod, agent de Belleherbe, clamait, une seconde fois, le 22 janvier 1795 : « Je crois qu'il y a déjà des calotins dans ma commune, sans cependant pouvoir en donner aucune preuve, étant le seul non fanatique à Belleherbe » (6.683).

Le brave menuisier ne se trompait pas.

A cette époque, les registres constatent la présence à Bretonvillers, du P. Jousserandot, de Macornay (Jura), jeune prêtre qui, le 23 janvier 1795, baptisa trois enfants nés à partir du 22 mai de l'année précédente (1). Ce fait seul prouve que la présence de l'abbé Pierre Joseph Boillon ne suffisait pas aux nécessités du culte. Le pauvre prêtre n'osait bouger et restait dans un isolement complet, pour ne pas s'attirer les foudres patriotes.

Les ecclésiastiques continuaient d'ailleurs à rentrer, sous le couvert de l'incognito : le 21 février on signalait la présence de l'abbé Monnot avec MM. J.-B. Javaux, de Chaffois, vicaire à Courchaton (2), J.-Maurice Breuillot, de Droitfontaine, vicaire à Vil'ars-Saint-Georges et Huot, au voisinage de Vautherans, Pierrefontaine et lieux voisins (6.645).

L'endroit était, on ne peut mieux choisi, pour abriter des proscrits. La vallée de la Reverotte se creuse profondément en *canon*. Ses pentes garnies d'épaisses forêts suffisent à elles seules pour dépister toutes les recherches, et au milieu de cet isolement sauvage, les cavernes creusées dans le jurassique assurent plus d'un asile à l'abri de toutes les intempéries.

Du reste, les prêtres n'étaient pas confinés dans leur retraite. Les populations revenaient à eux, les favorisaient ; les municipalités elles-mêmes fermaient les yeux, quand elles n'étaient pas ouvertement favorables, et si les déportés ne pouvaient se produire au grand jour, ils étaient assurés de ne manquer ni de subsistance, ni d'entretien. Au surplus, le jour même où l'on signalait la rentrée de M. Monnot, 3 ventôse an 3 (21 février 1795), la Convention faisait publier une loi, hypocrite sans doute, mais qui proclamait la liberté des cultes. Le mot indiquait un progrès dans l'esprit public,

---

(1) Registre paroissial, 1795, n° 17, 18 et 71.

(2) Ne doit pas être confondu avec l'abbé J.-B. Javaux, de Sainte-Colombe, curé à Bournois (3.790).

quand bien même les thermidoriens, par cette loi, mainte-
naient fermées toutes les églises et poursuivaient toutes les
manifestations extérieures de la religion, y compris les
cloches, les croix et les soutanes (7.106).

Un autre fruit de la réaction du 9 thermidor, fut la rentrée
des émigrés agriculteurs. Un décret du 11 nivôse, an 3 (2 janvier 1795), avait autorisé leur retour pourvu qu'ils ne fussent
pas sortis avant le 1er mai 1793, ni rentrés après le 21 mars
1795. On leur restituait leurs propriétés (5.244).

C'est ainsi que Bretonvillers vit réapparaître en ventôse,
an 3. plusieurs de ses citoyens : Claude-Honoré Pillot, sorti
le 28 septembre 1793, rentré le 15 février 1795 ; Joseph
Verdot-Bourdon, sorti le 24 octobre 1793 et rentré le 16 février de l'année en cours ; enfin Claude-François Verdot,
sorti le 7 juin 1794, sa femme Marie-Scholastique Perrin et
ses filles Jeanne-Claude et Marie-Thérèse, sorties le 3 août
1794, tous rentrés le 25 février de cette même année 1795
(f. 94 et suivants).

Signalons aussi à cette date, la libération importante d'un
autre citoyen de Bretonvillers. On se rappelle que F.-Joseph
Pêcheur avait été condamné à Maîche, le 21 octobre 1793, à
dix ans de déportation.

La municipalité, quoique patriote. l'avait déjà réclamé le
1er novembre 1794, au dépôt de Lorient où il était emprisonné, attestant qu'il s'était toujours montré un bon citoyen,
paisible et tranquille ; que s'il avait fait partie de la petite
Vendée c'était par surprise et par erreur, et qu'enfin il était
le soutien unique de sa mère et de sa famille.

Les comités de législation et de sureté générale, institués
par la Convention, déclarèrent, le 3 avril, que les propos
qu'on lui avait imputés n'étaient pas vérifiés, qu'il n'était
pas prouvé que le rassemblement dont il avait fait partie eût
pour objet d'empêcher le recrutement et que finalement, le
jugement avait été rendu sans le concours du jury. Le
prisonnier fut en conséquence renvoyé dans ses foyers (7.8).

Mais si les Jacobins souffraient la rentrée des émigrés
laïques, ils restaient déchaînés contre les prêtres. Roy, officier municipal et J.-Ignace Roy, secrétaire, de Charmoille,
envoyèrent, le 31 mars 1795, au district de Saint-Hippolyte,

une dénonciation précise contre le prêtre Boillon, retiré à Bretonvillers. Ce vénérable vieillard s'était imaginé que la liberté dont il saluait les symptômes dans le retour des émigrés et dans les bonnes nouvelles arrivées de Paris, était un bien commun à tous les Français. Il était donc sorti de sa réclusion volontaire et exerçait son ministère sans penser qu'il violait les lois. Il fallait l'arrêter.

« Frères et amis, disaient les municipaux de Charmoille, ce n'est point en vain que vous nous faites parvenir des circulaires concernant les prêtres déportés. Elles ont beaucoup plus d'influence sur nos frères égarés que nous ne pouvions nous en promettre. C'est avec plaisir que nous avons vu plusieurs d'entre eux ne faire aucune distinction des prêtres amis des lois. Ils ont été à Saint-Maurice avec des nôtres. D'autres semblent encore n'y point adhérer et préfèrent aller à Bretonvillers, près, dit-on, d'un Boillon, septuagénaire (3), qui a été rendu à ses foyers, sans que nous sachions s'il a aimé la loi. On dit qu'ils s'assemblent à la grange de Pillot (aujourd'hui maison Léon Boillon). Il confesse à la maison commune, au milieu de l'endroit. Nous espérons que les Bretonvillers vous diront au vrai ce qu'il en est » (7.150).

Le district répondit par une circulaire adressée le 14 germinal an 3 (3 avril 1795), à tous ses administrés. Il faisait une charge à fond contre les préjugés, le fanatisme, les monstres qui rendaient les paysans intolérants, cruels, féroces, etc... (fol. 104 et 7.145).

Mais, en outre, il envoyait J.-F. Morey, de Vauclusotte (5.685), un de ses membres, quatre jours après, à Bretonvillers pour y faire comprendre le sens de l'arrêté, pris le 4 germinal, par le comité de sûreté générale, relativement aux prêtres mis en liberté par humanité. Formellement chargé de maintenir les dispositions de la loi du 17 septembre 1793 et 29 vendémiaire courant, Morey devait apposer les scellés au domicile du prêtre Boillon et déclarer séquestre des biens immeubles de ce dernier (f. 106).

L'importance de la capture ne répondit point à la

____

(3) L'abbé Boillon n'avait que 64 ans,

sollicitude de l'administration. Morey écrivit, de Vauclusotte, le 15 avril : « Je n'ai trouvé aucun meuble à lui appartenant et il n'a aucun bien fond ; il reste avec un frère. Je crois qu'il fanatise bien le peuple des environs, car il vient du monde de tous côtés à sa messe ».

Il faut croire que le vieillard était fort redoutable, car de partout surgirent des patriotes pour réprimer ce qu'on appelait ses coupables manœuvres.

Perdrisard, agent national du Luhier, écrivait presque en même temps au district : « Nous n'avons dans notre commune que deux ménages qui recherchent les prêtres déportés ou émigrés. Les gardes nationaux les surveillent de si près, que les prêtres déportés n'y peuvent pas entrer pour les embêter, sans être arrêtés. De plus, ces vils hypocrites redoutent presque autant la petite commune du Luhier que la guillotine. Ces deux ménages vont à la messe à Bretonvillers, de l'autre côté du Dessoubre ; ils disent que c'est un vieux prêtre qui n'a point fait de serment. On dit qu'il s'y rassemble beaucoup de monde ».

Le 23 germinal, an 3 (12 avril 1795), Grandjean, gendarme de la brigade de Pierrefontaine, qui n'avait rien à voir dans le canton de Vaucluse, se transportait en compagnie de trois chasseurs dans la commune de Bretonvillers, pour s'y informer des rassemblements motivés par la messe qu'on y disait. Les municipaux interrogés, répondirent qu'un prêtre sexagénaire l'avait célébrée dans une grange et qu'ils avaient ordonné de cesser (f. 105).

Le brigadier de Pierrefontaine, Baillaud, ne se tint pas pour satisfait, il écrivit à Costé, chef d'escadron, commandant en chef de la gendarmerie à Besançon : « Je vous préviens qu'un nommé abbé Boillon, qui sort de la maison de réclusion de Dijon (4), est présentement dans la commune de Bretonvillers et fanatise toujours le monde. Il tient chez lui des assemblées de fanatiques, prêche, confesse, célèbre la messe et dit à tous ceux qui y vont de ne point fréquenter les prêtres constitutionnels ; ce qui fait un grand mouvement dans les patriotes, car ils craignent que le fanatisme reprenne

---

(4) Il y a désaccord entre la lettre de Baillaud et le registre de Bretonvillers (f. 84), qui fait sortir l'abbé Boillon de Salins.

son empire, comme on l'aperçoit présentement dans nos
montagnes, qui se trouvent plus des trois quarts corrompues
par le fanatisme et par les émigrés rentrés, dont on aura bien
de la peine à faire de bons patriotes.

« On voit venir le monde de plus de deux lieues pour aller
à la messe de cet abbé Boillon. C'est ce qui fait murmurer le
public et dire qu'il mériterait d'être enfermé. C'est pourquoi
j'ai pris le parti de vous en prévenir, comme mon supérieur
et de vous prier d'en prévenir les administrateurs du département, pour réprimer, s'il était possible, de tels abus et des
assemblées aussi pernicieuses. Car, si ce n'était le service
continuel que nous faisons nuit et jour avec un détachement
de douze chasseurs à cheval, que le district de Baume a
envoyé à Pierrefontaine, pour nous aider à maintenir l'ordre,
je crois que le fanatisme et l'aristocratie aurait déjà tenté
peut-être quelque insurrection ».

Costé communiqua cette lettre au département en ajoutant :
« Elle vous déterminera sans doute à prendre des mesures
assez promptes pour mettre un terme aux manœuvres du
nommé Boillon. Il est, je crois, très instant d'agir contre
ces hypocrites ; ils abusent si dangereusement de la liberté
des cultes, qu'on ne peut trop promptement les mettre à même
de ne convertir que des pierres de taille » (7.152).

Le procureur général transmit à l'avocat C. Ant. Bavoux,
procureur du district de Saint-Hippolyte, les rapports des
deux gendarmes. Mais Bavoux se borna à répondre, le 6 mai,
« qu'il connaissait déjà les faits, et qu'il avait, de concert avec
l'administration, pris tous les moyens possibles pour instruire
le peuple de ses devoirs et pour le garantir des manœuvres
des hypocrites et des malveillants ». (7.152)

Du reste, la mort se chargea elle-même de mettre un terme
aux embarras des administrations. Le 11 prairial, an 3 (30
mai), l'abbé Boillon mourut à l'âge de 64 ans (5) et sa tombe
rappelle aujourd'hui encore dans le cimetière de Bretonvillers,
qu'il fut totalement étranger au schisme révolutionnaire (6).

(5) Registre d'état civil, fol. 11.

(6) Inscription tumulaire : « Cy | git | Pierre-Joseph, | Boillon prêtre |
insermenté | curé de Ro | thonai dé | cédé le 30 | mai de l'année | 1795
Priez | pour lui.

Le jour même de cette mort, la Convention volait une nouvelle loi. Elle restituait tous les édifices du culte non aliénés, mais en les neutralisant à l'usage de toutes les religions. Pour exercer un culte, il suffisait de faire une déclaration de soumission aux lois républicaines, moyennant laquelle on pouvait officier, non plus en chambre, mais dans les églises. La question du serment *constitutionnel* était, comme au 21 février, laissée de côté (11 prairial, 30 mai, 7.178).

A Bretonvillers on vit réapparaître, le 7 juillet, le registre paroissial qui témoigne du renouveau de la vie chrétienne. Il était tenu, pour Chamésey et Bretonvillers, par l'abbé Xavier-Ferréol Boillon, plus tard curé de Droitfontaine, revenu et resté dans son pays natal, sans doute à la suite des obsèques du curé de Rothonay, son frère. Il s'intitulait simplement prêtre-missionnaire. Cet ecclésiastique rouvrit donc l'église de Bretonvillers et y célébra les offices religieux. (R. n° 1).

Cependant les énergumènes qui avaient trouvé leur compte dans la Terreur, ne lâchaient pas pied facilement ; aussi constatons nous, le 23 thermidor (10 août 1795), que « Jean Guillaume Huot-Marchand, procureur de Bretonvillers se déclarant averti, qu'il y a des prêtres qui font les offices publics dans l'église de cette commune, sans avoir fait dresser acte de leur soumission aux lois par devant la municipalité, requiert les autorités d'avoir à interdire tout culte de ce genre ». (f. 119).

Nous ignorons s'il fut déféré aux injonctions de Jean Guillaume. Toujours est-il que partout l'essai de liberté religieuse dont nous venons de parler, fut malheureusement suivi d'un brusque retour vers la persécution. On le regrette d'autant plus que, pour une bonne part, la cause en est attribuable aux victimes elles-mêmes.

En effet, comme nous venons de le voir en la personne de l'abbé Boillon, beaucoup de prêtres astreints à un serment par la loi du 11 prairial (30 mai 1795), le refusèrent comme ils avaient refusé celui de liberté et d'égalité en 1792. Malgré les décisions nettement favorables à ces deux serments émanés de juges compétents, tels que MM de la Luzerne, Emery et de Bausset (7.180), une partie considérable de l'épiscopat discuta, bien à tort, cette inoffensive formalité qui n'engageait en rien la conscience. Aussi, la Convention, qui croyait avoir réduit au minimum les exigences les plus raisonnables de tout gouvernement, porta une loi de colère qui ordonnait l'arrestation de tout prêtre, n'ayant pas fait, sans restriction ni explication, l'acte de soumission demandé (6 septembre 1795), 20 fructidor, an 3 (7.197, 323 et 650).

CHAPITRE XII.

Rentrée de l'abbé Monnot.

Ces mesures comminatoires n'arrêtèrent pas la rentrée des prêtres (7.359). L'abbé Monnot eut la joie, à cette époque, de réapparaître dans sa paroisse, clandestinement si l'on veut, mais pour reprendre effectivement un ministère interrompu pendant près de deux années (1). Il retrouvait son presbytère exproprié, son église délabrée. On avait enlevé deux cloches (2) sur trois dans son clocher et le mobilier religieux de sa sacristie. Les biens de fondation mis en vente avaient trouvé preneur, notamment François-Xavier Martin (f. 117).

Mais il voyait se réveiller autour de lui de chaudes sympathies qui lui faisaient oublier les rancœurs de l'exil et les antipathies des irréductibles patriotes restants.

Tout de suite il se mit à l'œuvre. Deux instructions de cette époque qui nous ont été conservées écrites de sa main, nous font voir les sentiments qui l'animaient et la couleur de son zèle.

Dans l'une, il développe « ce qui était proposé en matière de religion par l'assemblée nationale »; dans l'autre, il rappelle « ce

_____

(1) Registre paroissial, acte 5ᵐᵒ du 27 septembre 1795.

(2) L'une d'elles alla échouer à Péseux, où elle prit la place d'une autre cloche fêlée. Elle n'existe malheureusement plus, ayant été refondue en 1864. Voici l'inscription qu'elle portait : « 1733. Faite par A. R. Thomas. *Sancta Maria ora pro nobis.* J'ai eu pour parrain M. Claude Louvet, pour marraine Jacques-Françoise Regnault, femme de Laurent Huot-Marchand, Joseph Morel, chapelain, à Bretonvillers, Mʳᵉ Jean-Claude, Huot-Bolet, échevin.

que l'on doit à Dieu pour avoir échappé au danger auquel la révolution avait exposé la religion. »

« Qu'il serait consolant pour moi, disait-il, si je pouvais m'assurer que vous remporterez de cette instruction la volonté de vous aimer, la disposition de vous embrasser. Procurez-moi-là, mes frères, cette consolation et qu'au sortir de cet exercice vous vous assuriez mutuellement d'un amour sincère, d'un amour éternel (3).

« Evitez surtout, insistait-il, de mépriser ceux qui n'ont pas eu la même fidélité que vous et gardez-vous de leur donner quelques dénominations qui ne marqueraient que trop le mépris que vous en faites. Ces sortes de dénominations ne feraient que vous éloigner les uns des autres, tandis qu'il est important... que vous aimiez à vous rapprocher (4) ».

En ce qui le concerne personnellement, sa condescendance est complète. Si on lui demande : « Mais vous-même, voudriez-vous nous recevoir ? » — « Quoi que vous ayez fait, quoi que vous ayez dit contre nous, que cela ne vous arrête point. Venez, si la confiance vous y amène, vous jeter entre nos bras et à l'exemple du père du prodigue, nous vous y serrerons ; nous vous donnerons toutes les marques de tendresse et d'affection qui dépendront de nous (5) ».

Il ne paraît pas qu'à cette époque le vicaire de Bretonvillers était rentré dans son église. Nous en avons pour preuve cette même instruction où ayant écrit : « au sortir de cette église », il biffe le mot *église* et le remplace par cet autre « exercice » (6). Aussi bien, le 7 vendémiaire (9 septembre 1795), la Convention promulgua un règlement sur la police des cultes, qui lui en interdisait légalement l'accès. Ce règlement déclarait accorder la liberté, mais voici comment : Il proscrivait les traitements, les signes extérieurs, les costumes, et n'autorisait les prêtres à exercer leurs fonctions dans ces limites, c'est-à-dire en privé, qu'après une déclara-

(3) Monnot, « Ce que nous devons à Dieu pour nous avoir délivrés du danger auquel la Révolution exposait notre religion », fol. 6.

(4) Instruction susdite (fol. 8)

(5) Instruction susdite (fol. 10.)

(6) Instruction susdite (fol. 6.)

tion devant la municipalité, et dont voici la formule : « Je reconnais que l'universalité des citoyens français est le souverain et je promets soumission et obéissance aux lois de la République » (7.643).

Blessé dans ses convictions les plus chères, par cette loi persécutrice, le desservant de Bretonvillers se garda bien de faire la déclaration qu'elle prescrivait. Il lui était, de ce chef, interdit d'officier à l'église; bien plus, il était passible d'arrestation. Nous verrons bientôt comment il éluda, grâce à la complicité de ses amis, les injonctions légales.

Peu après, se produisit à Bretonvillers la chute d'une institution d'origine toute révolutionnaire : la garde nationale. Le 3 brumaire, an 4 (25 octobre 1795), malgré toute la diligence possible déployée par la municipalité du dit, il ne se rencontra aucun individu de la garde nationale, pour se rendre à sa convocation, à l'exception de quatre. Ne pouvant former le scrutin nécessaire à l'élection, le maire Jean-Joseph Huot-Marchand et les officiers de la commune « requirent deux citoyens de Laval, Jean et J.-B. Boillon, son fils, pour leur servir de témoins et firent un verbal, pour se décharger de tout ce qui pouvait arriver » (f. 127).

Ce même jour, 3 brumaire, an 4, la Convention, pour faciliter la réélection des révolutionnaires, statuait par décret que tout émigré et tout parent d'émigré, jusqu'au degré d'oncle et de neveu, était exclu des fonctions publiques. Elle renouvelait en outre toutes les lois sur les prêtres sujets à la déportation ou à la réclusion ; elle déclarait même, que ces lois devaient être exécutées dans les 24 heures (7.649).

C'était une riposte à la conspiration du 13 vendémiaire, an 4 (5 octobre 1794), qui avait pour objet d'empêcher la promulgation de la nouvelle constitution.

Malgré les efforts de l'administration centrale, pour maintenir une majorité jacobine, Bretonvillers se donna, le 14 brumaire, an 4 (novembre 1795), une municipalité nettement libérale, composée de deux seuls membres : F.-J. Verdot et Jacques-François Boillon (f. 131). Le premier avait le titre d'agent, le second d'adjoint. Nommés pour deux ans, ils étaient alternativement renouvelables chaque année. La réunion de tous les agents et adjoints formait la municipalité cantonale dont les séances se tenaient au chef-lieu. Le conseil de commune était supprimé (7.642). Telles étaient les modifications imposées à l'administration communale par la constitution de l'an 3, nouvellement promulguée.

Quant aux prêtres de nouveau proscrits, et qui affrontaient la mort comme par le passé en restant sur le sol français, la police fut bientôt sur les dents, à leur recherche. Le 24 janvier 1796, Guedot, commissaire du directoire, c'est-à-dire à peu près surveillant de la municipalité cantonale de Vaucluse, se plaignait amèrement que dans plusieurs communes, les prêtres se jouaient de la loi qui les déportait : « A Belleherbe, Bretonvillers, la Grange, Chamésey, Provenchère, on continue, s'écriait-il, à célébrer publiquement les offices. Les cloches annoncent tous les dimanches les rassemblements. » Il terminait en demandant des troupes pour agir (8.165).

Le département décida aussitôt, le 25 janvier, que deux compagnies d'infanterie seraient dirigées sur Belleherbe, Chamésey, Longevelle et Bretonvillers (8.158).

Mais, Guedot trouva que les soldats n'arrivaient pas assez vite et le 29 du même mois il écrivit de nouveau à Quirot (7), commissaire départemental du directoire exécutif : « Je n'ai pas trouvé à mon retour, les troupes que vous m'avez dit avoir été réparties dans les communes de Bretonvillers, Belleherbe, Longevelle, Chamésey, etc... C'est sans doute la malveillance qui a fait de nouvelles intrigues, pour empêcher l'arrivée de ces troupes. Cependant, les contingents ne se lèvent point, les volontaires et les prêtres restent. Si on ne m'envoie pas une force assez imposante, je ne puis procurer l'exécution d'aucune loi (8.165). »

Le 19 février 1796, il revenait à la charge, avec des accusations plus précises. Il envoyait à Quirot, une sorte de procès-verbal, signé de Jerôme-Antoine Huot, de Charmoille et Antoine Flajoulot, de Chamésey, où il était dit que Jac.-F. Boillon, adjoint et F. Verdot, agent de Bretonvillers, avaient assisté, en janvier, à la messe de l'abbé Monnot, prêtre déporté,

----

(7) Cf. Pingaud. *J.-B. Quirot* (dans les *Annales franc-comtoises*, 1895, p. 172 et suiv.), né à Besançon le 30 octobre 1757, mort à Lyon le 24 août 1820.

dans l'église de Bretonvillers. Verdot lui-même chantait la messe et Boillon, son adjoint, faisait la quête du luminaire (8.533).

Ce réquisitoire étant resté sans réponse, le commissaire cantonal écrivit encore, le 14 mars, mais avec le même insuccès, pour rappeler l'envoi qu'il avait fait.

Loin de se laisser intimider, les honnêtes gens de Bretonvillers, le 5 germinal, an 4, (25 mars 1796) prirent l'offensive, et dans une requête consignée au registre des délibérations, ils réclamèrent hardiment, au nombre de 63, une liberté religieuse moins mensongère.

« Les citoyens, habitants de la commune de Bretonvillers, disaient-ils, déclarent, qu'espérant de la justice du gouvernement, qu'il prendra des mesures pour assurer le libre exercice du culte qu'ils professent de père en fils, depuis un temps immémorial, ils réclament l'exécution de l'article 354 de la constitution. Ils demandent la liberté de se choisir un ministre en qui ils puissent avoir confiance. En attendant que le gouvernement en ait décidé d'une manière claire et précise, ils déclarent au citoyen Jacques-François Boillon, adjoint municipal de la dite commune, que leur réunion, pour l'exercice de leur culte, aura lieu dans l'église du dit Bretonvillers dont l'usage leur est conservé par la loi du 11 prairial dernier ; que loin de redouter les autorités constituées, ils désireraient être vus et connus de tous les amis du bon ordre et de la tranquillité publique, afin que tous les bons citoyens puissent avoir la preuve que le seul but de leur réunion est de demander au Tout-Puissant ses grâces et ses bénédictions, pour vivre en conformité des principes de la religion catholique, apostolique et romaine. Ils prient le dit Jacques-François Boillon, adjoint, d'inscrire leur déclaration sur les registres de la commune, et d'en faire parvenir un double à l'officier de police, ainsi que d'en donner connaissance au commissaire près l'administration municipale du canton ».

Suivent 63 signatures, parmi lesquelles on remarque avec satisfaction, celle de F.-J. Beurthelot qui avait rompu avec son passé jacobin.

CHAPITRE XIII

Continuation des persécutions officielles

Ces idées n'étaient pas celles du conseil des Cinq Cents. Les pauvres philosophes qui le composaient, continuaient à avoir une peur effroyable de tout ce qui pouvait leur rappeler le ci-devant culte et en avril 1796, ils prirent des mesures farouches contre les suspects, les prêtres et les cloches (8.207).

L'administration départementale du Doubs, emboîta immédiatement le pas et dans une proclamation, elle ordonna l'arrestation de tous les prêtres déportés et rentrés, des prêtres sujets à la déportation et à la réclusion, de ceux qui avaient rétracté leur serment, quand même ils l'auraient prêté depuis leur rétractation (8.223).

Cette déclaration redoubla le zèle de Guedot et le 1ᵉʳ juin, il le fit bien voir dans un nouveau rapport à Quirot. « Les agents de ce canton (Vaucluse), disait-il, lorsqu'on leur parle des prêtres ou des volontaires, ne peuvent jamais donner de renseignements, quoique actuellement, les prêtres déportés fonctionnent publiquement à Bretonvillers, Belleherbe, Chamésey, Rosureux et Provenchère. On crie aussi publiquement dans ces communes « Vive le Roi ! » et on maltraite les citoyens qui répondent par les cris de « Vive la République !» Très souvent, ces délits ont lieu sous les yeux des agents qui gardent le silence » (8.539).

Comme représailles, le département prit, le 19 juin 1796, l'initiative d'une mesure qui devait être en même temps, une gentillesse pour le fisc.

Sous prétexte d'appliquer la loi du 28 ventôse, il décréta la vente de tous les presbytères de sa circonscription, sauf 164 réservés au logement des instituteurs et institutrices (8.229). Celui de Bretonvillers ne figurait pas dans le nombre des bâtiments ainsi mis à part, aussi fut-il vendu. Mais l'acquisition, faite en vue de jours meilleurs, fut probablement fictive.

En tout cas, le 27 germinal, an 2 (17 avril 1803), il appartenait de nouveau à la commune, « par la cession que lui en avait faite le particulier qui l'avait soumissionné » (f. 147).

Cependant, vers cette époque, le commissaire de Vaucluse, Guedot, disparut subitement de la scène où il avait figuré si activement. Ses fonctions furent dévolues provisoirement, à un agent de Péseux, nommé Huguenotte, catholique dévoué et partisan de la paix. Comme il ne faisait pas le jeu des avancés du canton, ceux-ci, le 5 novembre, envoyèrent au département une dénonciation conçue en ces termes (8.540) :

« Les citoyens républicains, du canton de Vaucluse, vous préviennent que ce canton est devenu le refuge des prêtres déportés et émigrés. Ils fanatisent impunément, fonctionnent publiquement dans les églises de Belleherbe, Bretonvillers, Chamésey, Rosureux, Provenchère, Valonne la Grange et Droitfontaine. Ils prêchent le retour de la royauté et l'anéantissement du gouvernement actuel, et personne ne veut et n'ose arrêter cette licence désastreuse

« Un zélé, ferme et fidèle commissaire pourrait faire disparaître du canton, tous ces réfractaires, malgré la résistance des agents corrompus. Huguenotte, qui remplit les fonctions de commissaire, loin de faire exécuter les lois contre les rebelles, leur donne asile ; il a son frère, prêtre déporté, qui est le chef de la bande de ces scélérats, et il leur a fait célébrer des messes dans l'église de Péseux, pour son père mort.

« Ce qui augmente notre indignation, c'est que Huguenotte a écrit à Quirot qu'il avait fait toutes les démarches possibles pour atteindre ces prêtres, mais sans succès, et qu'il n'a pu découvrir leurs asiles. Il serait bien embarrassé d'exhiber les preuves de ces prétendues démarches. Nous demandons qu'on envoie secrètement un commissaire sur les lieux, pour vérifier ces faits ».

Ce factum était pourvu de quarante signatures, parmi lesquelles il convient de relever celles de J -F. Receveur, de Vaucluse, F. Girod, de Belleherbe, Théodore Receveur, Victor Cheval.

Un patriote de Cour-Saint-Maurice, fit mieux encore. Il adressa directement, au ministre de la police à Paris, une lettre dont l'effet ne se fit pas attendre longtemps (8.541).

Aussi bien, ces dénonciations successives avaient fini par attirer l'attention des autorités révolutionnaires sur ce coin des Franches-Montagnes.

Donc, le 22 décembre, une première lettre du ministre recommandait à Quirot de redoubler de zèle et de poursuites contre les prêtres de cette contrée. Le 26 janvier 1797, une deuxième missive, plus précise, lui enjoignait de se saisir de huit prêtres répandus dans le canton de Vaucluse. Dans le nombre figuraient « Monnot, prêtre royaliste, fameux fanatique, fonctionnant publiquement dans l'église de Bretonvillers, les deux Tournoux, à Chamésey, Humbert, à Longevelle, et Breuillot, à Droitfontaine » (8.542).

Avec de fidèles amis, comme l'agent J.-B. Verdot, élu le 30 avril 1797 (10 germinal an 5) (1), et l'adjoint de Bretonvillers, l'abbé Monnot, quoique obligé de se cacher, était à l'abri d'une surprise. Mais les patriotes du canton revinrent à la charge, et ils profitèrent du coup d'État du 18 fructidor (4 septembre 1797), machiné par les proscripteurs, en vue de rester au pouvoir, pour faire suspendre ces 2 magistrats, ainsi qu'une foule d'autres Le successeur de J.-B. Verdot, fut J.-F. Chopard, élu le 1er vendémiaire, an 6 (22 septembre 1797) (2).

Sommé de dénoncer, en exécution de la loi du 19 fructidor (9.8), les prêtres proscrits, restés dans sa commune, il répondit, comme d'ailleurs tous ses collègues du canton de Vaucluse, qu'il n'en connaissait aucun (9.288).

Cette impudence excita de nouveau la rage des révolutionnaires de la région et ils poursuivirent de leur haine toute l'administration cantonale. Président, juge de paix, commissaire, suppléant du Directoire, commandant de la garde nationale, agents et adjoints municipaux, tout était dénoncé commé dévoué aux prêtres.

Le 3 décembre, ils dépêchèrent l'un des leurs, C.-F. Cuenin, exprès à Besançon, pour appuyer leur délation. Bien plus, ils notifièrent à nouveau leurs griefs jusqu'à Paris, au ministre

(1) **Registre de l'état civil.**
(2) **Ibid.**

de la police, Sotin, si bien que le 8 décembre, ce magistrat lui-même, envoyait une nouvelle lettre à Quirot.

« On me dénonce, lui mandait-il, l'administration de Vaucluse comme composée d'hommes ennemis du gouvernement et entièrement dévoués à la faction royale. On m'assure que les lois sont sans exécution, et que les émigrés et les prêtres réfractaires y méditent de nouveaux complots contre la liberté et la tranquillité publique. Vous voudrez bien m'instruire des mesures que vous avez prises » (9.101).

De fait, il y avait beaucoup à épurer à Bretonvillers. Le maître d'école n'était pas moins suspect que le desservant et les officiers municipaux. C'est ce que fit observer, le 1er janvier 1798, un autre instituteur public, Oudot-Guérissot, de Frambouhans (3), qui cumulait à Cour-Saint-Maurice les fonctions de curé constitutionnel, de secrétaire du nouveau commissaire cantonal, Chevroulet, d'éducateur de la jeunesse et surtout de dénonciateur (10.466) Cependant rien ne permet de supposer que le maître Girard eût à fermer son école à cette époque.

Les attaques contre l'abbé Monnot se multipliaient. Le 18 janvier 1798, Ch. Jeanmaire, qui de cultivateur, était devenu administrateur à Baume, puis commissaire du Directoire à Pierrefontaine, écrivait : « Depuis longtemps, Bretonvillers dans le canton de Vaucluse, sert de retraite aux prêtres déportés. Monnot, ci-devant vicaire du dit lieu, y a souvent prêché l'avilissement du gouvernement républicain. Suivant plusieurs rapports, cet individu et quelques autres y sont encore retirés et recélés, et continuent à entretenir le fanatisme, ainsi que dans les environs. Il serait bon de leur donner la chasse » (9.288).

Une nouvelle destitution vint encore augmenter les dangers auxquels était exposé le pauvre prêtre. Le 25 janvier 1798, ses deux plus fermes soutiens, l'agent et l'adjoint furent par le département, suspendus de leurs fonctions avec la plupart des magistrats du canton de Vaucluse. Leur crime était nettement spécifié. C'était d'avoir « protégé, de tout leur

____

(3) Il avait été successivement vicaire en chef, intrus, à Fuans, curé à Trepot et à Jougne.

pouvoir, les prêtres réfractaires, de leur avoir donné asile et permis l'exercice du culte public, même après le 18 fructidor, et d'avoir persisté dans cette mauvaise conduite, à ce point, que le ministre lui-même en avait été informé et en avait témoigné toute son indignation par une lettre adressée au commissaire central » (9.102).

La disparition de J.-F. Chopard, comme premier magistrat de la commune, était un avertissement de plus pour l'abbé Monnot. Aussi, sans attendre de nouveaux événements, il mit fin à son service public et se cacha, abandonnant l'église et les fonctions du culte.

Sans désemparer, il fut remplacé par un ancien greffier de Bretonvillers, Claude-Ignace Huot-Pleuroux, lequel, à la séance du 8 pluviôse, an 6 (27 janvier 1798), se présenta devant la municipalité de Vaucluse et déclara qu'il présidait une assemblée de culte, qu'il en dirigeait les chants, ajoutant que, « pour se conformer à la loi du 19 fructidor, an 5, il faisait la déclaration dont la teneur suit : « Je jure haine à la royauté « et à l'anarchie, je jure attachement et fidélité à la République « et à la constitution de l'an 3 ». Signé : C.-I. Huot » (4).

Inutile de dire que cette démarche n'avait pas été inspirée par l'abbé Monnot.

La nomination du nouveau maire, C.-F. Huot Marchand, dit le Vieux (5), frère de Jean-Joseph, le maire de 1793, élu le 13 pluviôse, an VI (1er février 1798), était encore moins rassurante pour le vicaire en chef. En outre, le nouveau commissaire cantonal Chevroulet, agent de Saint-Maurice, tout frais nommé, voulut montrer qu'il était digne de la confiance de ses supérieurs. Il dressa donc la liste des prêtres proscrits, restés dans sa circonscription, avec d'autant plus de zèle, qu'il s'agissait de faire la leçon à l'administration précédente. Monnot y était porté comme desservant de Bretonvillers et y demeurant encore, ainsi que F.-J. et J.-B. Tournoux, de Chamésey (9.288 et 719).

On le voit, la chasse aux prêtres, languissante après le 18

---

(4) Registre des délibérations de la municipalité cantonale de Vaucluse (L 1728, aux archives du Doubs).

(5) Registre d'état civil, mariages, 17 fructidor, an 6.

fructidor, devenait extrêmement vive. Mais l'abbé Monnot
était fatigué de l'exil. La Suisse d'ailleurs était fermée aux
déportés et la perspective de fuir jusqu'en Allemagne, n'avait
rien d'encourageant (9.516). Au surplus et malgré tout,
capturer un curé à cette époque, n'était pas une petite
affaire. Les honnêtes gens s'étaient ressaisis et inspiraient,par
leur ferme attitude, une crainte respectueuse à leurs persécuteurs. Aussi, Vallat, de Saint-Hippolyte, écrivait-il, le 16
février 1798 : « J'aurais moins craint de saisir un prêtre avec
quatre hommes, il y a trois décades, que maintenant avec
douze » (9.276).

Sachant qu'il pouvait compter sur les habitants de Bretonvillers, le vicaire en chef se réfugia sur le versant escarpé de
la vallée de la Reverotte, en dessous du Saucet, hameau de
sa paroisse. Là, à quelque vingt mètres en amont du sentier
de la Faubaye, se creuse une caverne largement ouverte
sous le rocher en surplomb, c'est la grotte de la *Gélicotte*.
Très surbaissée, puisqu'elle n'a guère que deux mètres
de hauteur, elle s'enfonce sous le calcaire, jusqu'à huit
mètres de profondeur, présentant sur la vallée une ouverture
de 18 mètres. Un éboulis, formé des innombrables débris qui
ont dévalé sur le flanc de la montagne, masque cette retraite,
de concert avec les broussailles et les frondaisons, qui en
garnissent les abords. C'est là que l'abbé Monnot s'était
ménagé un rustique asile, entre deux murs en pierres sèches,
qu'il avait construits pour resteindre son habitation et qui de
nos jours sont encore visibles (6).

Une fois averti des nécessités du ministère, il s'échappait
de sa retraite, et, la messe célébrée, les sacrements administrés, il revenait au gîte où de fidèles amis lui procuraient sa
subsistance. Par intervalles, il séjournait dans les familles de
sa paroisse où il se savait en sûreté.

Cependant, cette traque des prêtres avait mis fin à toutes
les fêtes du culte. Pour combler un vide qui, à coup sûr,

---

(6) Cette cabane mesure respectivement 4 m. 80 de long et 2 m. 80 ou 3
mètres de large. Une tradition moins plausible désigne un autre grotte
rapprochée du plateau. Elle n'est pas habitable et ne présente aucune
trace de séjour.

devait être désagréable, surtout aux populations rurales, le député Jean Debry, plus tard préfet du Doubs, fit voter, le 1er février 1798, la célébration d'une fête de la souveraineté du peuple, dans toutes les communes (10.275).

En attendant la restauration du culte décadaire, qui devait avoir lieu à la suite d'un long arrêté du Directoire, le 3 avril (10.257) et des lois du 3 août, 30 août et 9 septembre, Bretonvillers eut un échantillon des pompes de la nouvelle religion. Le 30 ventôse (21 mars 1798), on y solennisa la fête de la souveraineté du peuple avec entrain, mais non sans déclamer officiellement, des horreurs contre la religion catholique, qui restait toujours l'ennemie. Par suite d'une versatilité inexplicable, presque toute la population se trouvait présente à cette cérémonie. Le procès-verbal dénonçait nominativement onze habitants seulement, comme n'ayant pas voulu y assister (10.375).

Dix jours après, aux élections du 10 germinal, an 6, (31 mars 1798), les fonctions d'agent furent enlevées à Cl.-Fr. Huot-Marchand et dévolues à J.-B. Gouverd, meunier au moulin de Belvoir (7) C'était, vraisemblablement, la revanche des électeurs, mécontents du rôle que leur premier magistrat leur avait fait jouer, au nom de la liturgie philosophique. Ainsi qu'on a pu le constater déjà, le nouvel agent n'était pas un réactionnaire ; il penchait plutôt vers le nouvel état des choses. C'est ce qu'il donnait à entendre au commissaire de Vaucluse, le 8 avril 1798, dans un rapport sur d'insolentes infractions aux lois révolutionnaires. « L'agent de Bretonvillers, écrivait Chevroulet, a fait aujourd'hui, à l'administration, un rapport constatant qu'à quatre heures et quart du présent jour, quelques individus ont sonné un grand coup de cloche ; je vous prie de me dire ce que j'ai à faire ».

Quirot répondit, sans trop se presser, le 24 avril, qu'il y avait lieu de poursuivre ce délit devant le tribunal correctionnel de Saint-Hippolyte (9.445 et 10.17).

Néanmoins, quelles qu'aient été ses opinions politiques, l'agent Gouverd, pas plus que ses prédécesseurs, ne chercha

---

(7) **Registre d'état civil.**

à molester son vicaire en chef. Bien plus, il le couvrit de son autorité et le protégea dans sa retraite.

Une pareille attitude fit prendre, en haut lieu, la résolution de suspendre, une fois de plus, les deux membres pervers de l'administration municipale de Bretonvillers. Le 5 juin 1798, le département les frappa de nouveau, car « après l'heureuse journée du 18 fructidor, on ne devait point s'attendre que l'intrigue royale, le fanatisme religieux trouveraient encore de leurs affidés jusque dans le sein des corps administratifs » (9.536).

Un mois après, les électeurs accordaient leurs suffrages à Jean-Joseph Huot-Marchand, 8 juillet 1798 (20 messidor an 6) (8). On retrouvait donc la même municipalité que dans les jours les plus mauvais de 1793, et il y avait lieu de s'attendre à de nouveaux événements. Pour expliquer ce fait qui paraîtra singulier, après les résistances que nous venons de constater il suffit de rappeler que le petit nombre seulement des électeurs se présentaient au scrutin. Sans compter ceux qui étaient exclus, comme parents d'émigrés ou de déportés, beaucoup s'abstenaient, parce que tout vote devait être précédé du serment de haine à la royauté (9.124 et 474). Ces abstentions, volontaires ou forcées, permettaient à la minorité de s'emparer du pouvoir.

Dans l'intervalle, le Directoire prenait de nouvelles mesures contre les prêtres. Il décrétait la déportation à la Guyane, pour tous ceux que désigneraient ses commissaires départementaux. Le 7 juillet il envoyait des instructions pour les visites domiciliaires (9.558).

Ministres, départements, subalternes de tout genre redoublaient d'activité dans le même sens. Les communes reçurent, le 5 août, du département, une injonction d'avoir à se débarrasser, non plus seulement des prêtres, mais des cloches et des croix, sous les peines fixées par les rigueurs des lois (10.25).

.Mais toutes ces persécutions législatives n'intimidaient plus les catholiques. Le 2 octobre, le commissaire de Vaucluse était obligé de l'avouer en écrivant à Quirot : « J'ai vu, sous

____

(8) **Registre d'état civil.**

mes propres yeux dans les communes de Bretonvillers, Rosières et autres, des rassemblements considérables de fanatiques, dirigés par des garçons non assermentés qui les présidaient, après en avoir expulsé et rejeté ceux qui les précédaient, parce que ceux-ci avaient fait le serment, en conformité de l'arrêté du département. Un certain nombre de prêtres réfractaires se retirent dans un souterrain entouré de rochers qui leur servent de remparts. Ils se font escorter par plusieurs hommes armés, lorsqu'ils veulent sortir ou rentrer dans leurs grottes. La crainte d'occasionner une révolte préjudiciable dans le canton, où les républicains sont en petit nombre, ne me permet pas de les oser attaquer ; ce fait m'a été rapporté comme sûr par plusieurs citoyens dignes de foi, ne cessant moi-même d'employer tous mes efforts pour découvrir les asiles de ces perturbateurs et les saisir. Ils voyagent secrètement dans les maisons et dans les communes, pour continuer à y semer le poison du mensonge et de la rébellion, et il n'est pas douteux que ce ne soient eux qui manœuvrent les rassemblements fanatiques pour la dissolution desquels je m'adresse à vous. Daignez me tracer la marche à suivre pour l'un et l'autre cas ».

Quirot répondit : « Suivre ponctuellement l'arrêté du 23 vendémiaire, an VI (14 octobre 1797) » (10.10).

CHAPITRE XIV

Capture du vicaire en chef

Enfin, en vendémiaire, an VII (octobre 1798), le commissaire Claude-Antoine Chevroulet, pouvait faire enregistrer par son secrétaire, Oudot-Guérissot, qu'il venait de remporter un succès.

« L'esprit public, disait-il, dans son rapport mensuel, n'est pas encore à la portée des principes du gouvernement. Il est entretenu par les discours des prêtres réfractaires qui circu-

lent en grand nombre dans le canton, et qu'on ne peut
atteindre, sauf le prêtre Monnot, fameux contre-révolutionnaire, qui a été arrêté ces jours derniers à Bretonvillers »
(10.604).

Un autre jour, adressant à Quirot une apologie de sa conduite, il rappelait ce titre de gloire parmi tant d'autres,
ajoutant : « Cette opération me procurera nécessairement des
ennemis et formera une coalition contre moi pour me perdre.
Je m'y attends. Cependant ce serait le résultat de mon zèle
pour l'exécution des lois contre les fripons » (9 581).

Il faut dire que le zèle du sans-culotte avait été favorisé par
une trahison dont le souvenir est encore vivant à Bretonvillers, mais dont la trace n'a pas été consignée dans les
documents du temps.

Le 18 octobre, à la suite d'une dénonciation, la gendarmerie
de Saint-Hippolyte s'était présentée en compagnie du citoyen
Briselance, adjudant du bataillon de la garde nationale du
canton de Vaucluse. Le détachement s'était dirigé sans
hésitation vers la roche de la *Gélicotte*, résidence ordinaire
de M. Monnot, et l'avait trouvé dans sa retraite en compagnie
de sa gouvernante, Ludivine Boillon (9.638).

Mais cette dernière avait échappé aux agents de la force
armée et elle vint jeter l'émoi dans la paisible population de
Bretonvillers. Aussitôt, un attroupement considérable se
forma, pour soustraire le prêtre persécuté aux vexations qui
allaient l'atteindre. Il fut favorisé par les circonstances : à
cette époque de l'année, les hommes étaient occupés à battre
en grange leurs récoltes. Presque en totalité, sous la conduite
de Cl.-F. Verdot, les catholiques du village armés de leurs
fléaux se portèrent au-devant des gendarmes, au contour des
Charrières, à l'extrémité nord-ouest du village. Le zélé
Verdot s'écria en les voyant : « Notre curé ou la mort ! » et
comme il s'approchait, malgré les observations des gendarmes, il reçut de l'un d'eux un coup de sabre qui lui fendit la
tête.

Cette sauvage répression terrifia les paysans. Ils laissèrent
le convoi s'éloigner pour s'occuper du malheureux blessé. Le
lendemain (20 vendémiaire an VII), à 8 heures, ce dernier

expira. Il avait versé son sang pour la foi. Personne à Bretonvillers ne doit plus l'oublier (1).

Il avait donc fallu pour prendre l'abbé Monnot, la destitution de trois municipalités, la trahison d'un de ses paroissiens et le meurtre de son meilleur ami. Le prisonnier fut dirigé vers Besançon et enfermé dans la maison d'arrêt. Deux semaines plus tard, le 24 octobre, le département prit un arrêté à son sujet : « Le lieu où ce prêtre a été découvert, les circonstances qui ont accompagné son arrestation prouvent combien est dangereux l'empire qu'il s'est arrogé sur l'esprit des habitants de Bretonvillers, qu'il a séduits et engagés à une rébellion pour le soustraire à l'action de la loi. En conséquence, il sera interrogé par le juge de paix Gouvernet, notamment pour quels motifs il s'est retiré sous le rocher dit de la *Faubaye* et quel était le lieu ordinaire de sa retraite ; s'il n'a pas été cause de l'attroupement formé à Bretonvillers pour le soustraire à la force armée ; s'il n'a pas provoqué cette rébellion en envoyant donner le signal par la nommée Boillon, trouvée avec lui dans l'antre de la *Faubaye* et quel a été le résultat de la violence employée contre les gendarmes » (9.638).

Le surlendemain, M. Monnot fut interrogé, et le 27, le département le condamnait à la déportation à la Guyane, en passant par l'île de Ré. Il motivait comme suit, son verdict: « Le prêtre Monnot avoue qu'après s'être déporté en Suisse, il est rentré depuis environ trois ans et n'a cessé d'exercer les fonctions du culte, tant publiquement que secrètement, même après le 19 fructidor. Il ne disconvient pas d'avoir prêché la désobéissance aux lois qu'il jugeait proscrire quelque chose contre la religion. Depuis longtemps, il est signalé comme l'un des plus dangereux ennemis de la Révolution. Le progrès qu'il a fait, en séduisant les habitants des campagnes, a été tel que, lors de son arrestation, il y a eu un attroupement considérable et armé pour le soustraire par la force à la gendarmerie, qui a été obligée de faire usage de ses armes. Ainsi, il est important de purger promptement la société, d'un être

----

(1) Cette mort n'est mentionnée nulle part, ni dans Sauzay, ni dans aucune autre publication sur la période révolutionnaire.

aussi nuisible, qui ne l'a que trop souvent désolée par la propagation du fanatisme.

« En conséquence, Monnot, prêtre déporté, âgé de 48 ans. sera déporté à la Guyane et conduit à l'île de Rhé » (9.639)

CHAPITRE XV

La déportation à l'île de Ré

Les prisons regorgeaient de victimes au chef-lieu du département. Aussi, Quirot hâta le départ du convoi dont M. Monnot devait faire partie.

C'était le septième, il comprenait 14 prêtres : 8 de la Haute-Saône et 6 du Doubs, entre autres deux jeunes prêtres, Cl.-Théodule Renaud, du Plaimbois-du-Miroir, en exercice à Fuans, et J.-B. Javaux, de Chaffois, vicaire à Courchaton, alors en exercice à Guyans-Vennes et victimes tous deux d'un apostat, Magnin-Tochot, défroqué et commissaire du Directoire à Orchamps-Vennes. Il faut dire, à l'honneur de ces deux vaillants, qu'ils auraient pu s'enfuir pendant leur transfert à Besançon. Entre Orchamps et Valdahon, les gendarmes qui les entraînaient, avaient, dans une auberge, bu jusqu'à l'ivresse complète. Les deux prisonniers étaient libres, et de nombreux amis les pressaient de s'enfuir. Mais, après réflexion, les prêtres craignant pour les habitants de la maison et même pour les gendarmes, préférèrent la captivité et attendirent patiemment le réveil de leurs gardiens qui les conduisirent au chef-lieu (9.640 et 693.)

Le 7 décembre, la troupe se mit en marche par un froid extrêmement violent, avec une escorte de 10 hommes d'infanterie, deux voitures à 3 colliers et toute la gendarmerie disponible. Deux des persécutés restèrent en route : l'un malade fut laissé à Semur, le 17 décembre, l'autre s'évada à Surgères (aujourd'hui Charente-Inférieure). Les 12 qui restaient, arrivèrent à la Rochelle, le 15 janvier, et furent dirigés sur la citadelle Saint-Martin, dans l'île de Ré, deux jours après.

Le récit complet d'un voyage de ce genre, fut fait par dom Froissardey de Noroy, bénédictin et curé intrus, rétracté à Besançon, engagé dans le convoi du 4 octobre. Pour conserver le souvenir de sa pérégrination à travers la France, l'abbé Monnot copia tout entier de sa main la relation de dom Froissardey (1). Mais il consigna personnellement ses impressions d'incarcéré, dans plusieurs lettres qu'il écrivit à son ami et paroissien F.-J. Verdot.

« Vous croyez peut-être, lui mandait-il, le 7 mars 1799, (15 ventôse an 7) que je vous ai oublié tout à fait, parce que jusqu'ici, vous n'avez point reçu de mes nouvelles ? Détrompez-vous ! La mer, qui nous sépare, n'empêchera jamais mon cœur d'aller jusqu'à vous. Je vous suis trop attaché ainsi qu'à toutes les personnes de votre commune pour vous perdre de vue, un seul moment : Mais n'ai-je point lieu de craindre qu'on n'use pas de retour à mon égard? puisque, depuis mon arrivée je n'ai reçu aucune nouvelle du pays, ni aucune réponse à plusieurs lettres que j'y ai envoyées. Quoi qu'il en soit, permettez que je m'entretienne un moment avec vous.

« D'abord je me porte assez bien ; si ce n'est que je suis un peu incommodé du Carême et que je porte des engelures aux pieds, qui sont les suites de notre long et pénible voyage.

« Nous sommes à la citadelle de l'île de Rhé, au nombre de 700 et plus (2). L'évêque de Saint-Papoul en Languedoc, (M. de Maillé) y est arrivé ces jours derniers, avec un de ses vicaires généraux et neuf autres prêtres. Il ne s'y passe pas de décade où il n'arrive quelque convoi.

« Vous comprenez que les denrées augmentent à proportion du nombre. Le bois et le blanchissage nous coûtent énormément. Nous avons déjà le printemps, les chevaux pâturent sur nos remparts.

---

(1) Dans les papiers de M. l'abbé Louis Gouverd, de Bretonvillers. Elle a été publiée, mais un peu remaniée, par Mgr. de Chaffoy, dans ses *Notices sur les prêtres*, p. 295 et c'est cette version que reproduisait Sauzay (9.684). Il serait à souhaiter qu'on fît paraître le texte authentique.

(2) Ce chiffre ne concorde pas avec celui qui est donné par M. Rambaud, *Histoire de la civilisation contemporaine*, pag. 114. « Cent quatre-vingt-treize prêtres, dit-il, furent déportés, soit à l'île de Ré, soit à Cayenne ».

« A part nos exercices de piété, nous ne faisons que nous promener. Je voudrais que vous vissiez, pour un moment, le spectacle que présentent 700 prêtres qui se promènent dans une place à peu près semblable à celle des Carmes de Besançon. C'est un ramassis de gens pris de tous les coins de la France, depuis le Mont-Blanc jusqu'à Bruxelles. On se voit tous les jours sans se connaître. A peine connais-je ceux du diocèse de Besançon. Notre isle est assez saine (3). On y respire un air pur ; aussi, nous avons peu de malades. L'on a soin de tenir propre la citadelle : il nous en coûte un sol par mois pour chaque individu.

« J'ai la consolation d'être logé avec MM. Javaux et Renaud. Nous couchons les trois dans le grenier, sous la tuile. Je me suis fait faire un petit *baudet*, haut d'un pied, sur lequel j'ai mis une paillasse qui me tient lieu de matelas, et je dors aussi bien que si j'étais couché dans un lit de maître. Nous nous levons à cinq heures, nous prions tant que nous voulons et comme nous voulons. Nous nous couchons à huit heures et demie, parce qu'à neuf heures les lampes doivent être éteintes dans toutes les chambres.

« Vous voudrez bien me faire réponse, s'il vous plaît, et me marquer les différentes nouvelles du pays, surtout de la paroisse. Je voudrais bien pouvoir vous faire part de mes inquiétudes et de tout ce que j'ai sur le cœur...

« Ah ! je vous en prie, conservez-vous dans la crainte de Dieu, servez-le de la meilleure manière que vous le pourrez et préservez-vous de la corruption du siècle. Le bon exemple que vous donnerez à notre jeunesse, ne lui servira pas peu pour la tenir dans les bonnes règles. Il faut que les chefs de famille tiennent lieu de pasteur à leurs enfants, afin que tous ceux qui vivent sous leur commandement, puissent lire dans leur conduite ce qu'ils ne peuvent plus voir ailleurs. »

MM. Renaud et Javaux avaient tenu à s'associer aux communications paternelles et cordiales du vicaire de Breton-

---

(3) On verra plus loin que cette première impression fut sensiblement modifiée et que le climat de l'île de Ré déplut aux déportés.

villers et l'on peut lire en post-scriptum à la fin de sa lettre, l'expression de leur amitié (4).

Cependant la réaction s'établit au sein du Directoire et les agents qui avaient été élus sous l'étiquette jacobine, pour la plus grande joie du même Directoire, l'année précédente, tombèrent dru sous ses coups. Toute l'administration du canton de Vaucluse et par conséquent J.-J. Huot-Marchand à Bretonvillers, fut suspendue le 17 mars, comme « propageant le terrorisme le plus dégoûtant » (10. 81).

En remplacement du révolutionnaire qui ne devait plus reparaître sur aucune scène politique, on nomma F.-J. Verdot, que nous avons vu déjà tant de fois à l'œuvre. C'était en germinal, an 7. Le 10 du même mois (30 mars 1799), il faisait place à Jacq.-Jos. Chopard, frère de l'agent de 1797, Jean-François, et dont l'adjoint fut F.-J. Huot-Marchand (5). Pour lui, il n'avait accepté qu'à titre provisoire et il rentra dans la vie privée où de nouvelles lettres de l'abbé Monnot vinrent bientôt le retrouver.

« Très cher ami, lui disait le prêtre à la fin du mois de mai, je sais que vous avez reçu ma lettre ; vous n'y avez pas répondu comme je vous en priais ; je n'ose l'attribuer à votre indifférence, et j'aime à croire que votre réponse s'est perdue en chemin ; je réitère, tant grande est l'envie que j'ai de recevoir de vos nouvelles.

« Dans la réponse que vous aurez la bonté de m'envoyer, je vous prie de me marquer si Alexis Gaume, Joseph de chez Jean (6), Melchior Nappey et le citoyen Ferroz, de Laval, ont reçu mes lettres, car j'ai écrit à tous individuellement ; il serait bien fâcheux pour moi, qu'aucune de mes lettres ne soit parvenue à son adresse...! »

« Il nous arrive de temps à autre, quelque convoi de prêtres, nous nous attendons à bientôt voir ceux de Besançon ; du moins, on nous annonce qu'il y a ordre de la part du

(4) Cette lettre ainsi que les deux suivantes, appartient à M. l'abbé Louis Gouverd de Bretonvillers, à qui j'en dois l'obligeante communication.

(5) Registre d'état civil.

(6) Il s'agit vraisemblablement de Pierre-Joseph Gaume.

ministre, de les faire partir. Tout cela n'est pas d'un bon augure pour un prochain retour Quoi qu'il en soit, je regarderai toujours comme un grand avantage, si notre déportation se fixe à l'isle de Rhé. Il me paraît cependant, que notre existence dans cette isle ne doive pas être d'une longue durée ; que le gouvernement pour épargner les dépenses qu'il est obligé de faire à notre sujet, prendra le parti, ou de nous envoyer plus loin, ou de nous renvoyer dans nos départements respectifs, à la surveillance des municipalités. Nous attendons avec résignation, tout ce qui doit nous arriver, par la permission de la divine Providence,

« Je me porte assez bien, à part le rhumatisme qui attaque mon bras droit et m'empêche de reposer dessus. Les denrées augmentent ici chaque jour, surtout le pain et le bois ; les lettres de France nous annoncent que partout, l'on s'attend à une petite récolte. Nous sommes 80 prêtres du diocèse de Besançon qui se portent tous assez bien. Nous avons à présent à peu près toute la citadelle pour nous promener La municipalité et la garnison sont humaines à notre égard ; nous avons autant de liberté qu'en peuvent avoir des détenus. Nous éprouvons toujours des temps bien disgracieux ; ici l'été n'est guère différent de l'hiver ; il ne fait chaud que lorsque le temps est clair et que le vent est tranquille, ce qui arrive rarement. Le flux et le reflux de la mer agitent sans cesse l'air qui après avoir parcouru les mers ne peut être que très froid ; vous sentez combien les habits nous sont nécessaires.

« Quand tout ceci finira-t-il et quand aurai-je le plaisir de vous embrasser...? Prions le Seigneur qu'il apaise sa colère pour faire luire sur cet horizon des jours plus sereins. Je trouve le temps long, parce que je n'ai pas d'occupation sérieuse ; après avoir satisfait à mes devoirs de religion, je n'ai à faire qu'à me promener ; les livres nous manquent, ce qui n'est pas une petite privation. Pour y suppléer nous avons dans notre chambre un professeur ès-langues, qui pendant une demie-heure par jour, nous explique l'Ecriture Sainte et un professeur de théologie qui également, pendant une autre demie-heure, nous fait une leçon de théologie.

« Quand vous verrez le citoyen Tournoux (l'abbé François-Joseph dit *le Petit*) vous lui présenterez mes respects. Je n'ai rien autre chose à vous dire, sinon de faire tous les saluts qu'il convient de faire, à nos gens du Saucet, du Val et de Bretonvillers, que je n'oublierai jamais et que je porte toujours dans mon cœur. Je les embrasse tous, ainsi que votre chère famille et suis avec un sincère attachement votre très humble et très obéissant serviteur.

« De l'isle de Rhé, ce 24 mai 1799. — Monnot, prêtre. »

Au commencement d'août, une dernière lettre fut adressée « au citoyen François Verdot, en son domicile au Saucet, re- « commandée à la politesse du sieur Emonin, marchand, rue « des Granges, à Besançon. »

« C'est pour vous dire, commençait l'abbé Monnot, que je ne suis point mort et que nous sommes toujours à la citadelle de l'isle de Rhé. Mais y serons-nous encore longtemps et où serons-nous transportés?

« On continue à nous amener des prêtres de tous les coins de la France. La semaine dernière, sont arrivés ici, MM. Vernerey, Fleury et Bergier (7). Une lettre de Mme Grimond (8) nous apprend le départ de quatre autres de nos montagnes, MM. Lornot, Tournier, Parent et Chapuis (9). Je ne sais où nous les logerons ; les greniers sont encombrés ; les derniers ont eu bien de la peine à trouver un réduit. En général il y a peu de malades, malgré la quantité de vieillards, tant il est vrai que la vie frugale est le meilleur antidote contre les maladies.

« Deux prêtres mariés viennent d'obtenir leur liberté. Il est à croire que nos confrères ne tarderont pas à obtenir la leur

(7) Simon-Joseph Vernerey, vicaire en chef à Noël-Cerneux ; Antoine Fleury, de Vercel, vicaire à Saint-Hippolyte-les-Durnes Augustin-Ferréol Bergier, de Vercel, curé audit Vercel. L'arrestation de ces 2 derniers coûta la vie à deux catholiques, près de a Grange-Sery, commune de Mérey (9.651). Leur départ pour l'île de Ré eut lieu, le 27 mars (10.90)

(8) C'était une ancienne religieuse « que la Providence avait placée auprès des besoins et du dénûment qu'éprouvaient un grand nombre de prêtres dans les prisons de Besançon. » (De Chaffoy, *Notices historiques sur les prêtres*, etc., p. 296)

(9) Alexis Lornot, du Bélleu, vicaire en chef à Plaimbois-du-Miroir (10.88) ; Tournier, de Noël-Cerneux ; Parent, du Bizot, vicaire à Morteau : Chapuis, du Valdahon, vicaire retraité de Fontaine, formèrent le convoi du 17 juillet (10.851)

« Je pense que vous êtes inquiets sur les évènements de la guerre ; que le canon que vous entendez tous les jours vous fait craindre de voir bientôt dans votre pays le théâtre de la guerre. Hélas ! ce serait un grand malheur pour un pays aussi pauvre que celui-là.! Dieu est le maître, que sa volonté s'accomplisse.

« Je ne sais, si je vous ai marqué ma façon de vivre ; en tout cas la voici. Je me lève exactement à cinq heures, mes petites et grandes prières sont faites à six heures et demie. Je vais ensuite faire ma méditation, tant bien que mal, sur la place, ou sur les remparts. Là, je trouve quantité de confrères qui font la même chose. Cela fini, je cours au déjeuner, qui consiste en une croûte de pain avec un verre de vin blanc. Ici, nous nous trouvons réunis et chacun dit sa nouvelle ; après quoi, l'un s'occupe à l'étude, l'autre à quelque ouvrage manuel, selon son inclination. Ce qu'il y a de beau et de bon dans notre citadelle, c'est qu'on y trouve des maîtres en tout genre : on y enseigne la théologie, la physique, les mathématiques, la géographie, les langues, la musique, etc

« Après un dîner frugal et léger, nous prenons notre récréation, la plupart en se promenant, ou au jeu de quilles ou de boules ; après quoi, chacun prend son bréviaire ou ses livres d'étude. Ensuite, viennent notre quart d'heure d'adoration, le chapelet, la prière et la lecture avant le souper. Ici se présente un spectacle intéressant. A la faveur d'un air tranquille et rafraîchissant, se forment des groupes de prêtres de la même connaissance, du même pays, où chacun s'empresse de faire le récit de ce qu'il a appris pendant le jour, soit par les papiers publics, soit autrement.

« D'autre part, l'un sur sa fenêtre avec sa flûte ou son flageolet, l'autre avec son violon ou sa clarinette, tâchent de nous divertir de toutes les idées noires que notre situation engendre chaque jour. Ensuite, nous allons prendre notre repos. Voilà, à peu près, notre façon de vivre.

« J'oubliais de vous dire que la mer nous donnait souvent un beau spectacle : ce sont des convois de vingt, de trente, de cinquante bâtiments qui voguent ; vous diriez être une ville ambulante. Souvent, on voit le feu du canon qui part de ces bâtiments ; il n'est pas rare d'entendre des combats entre les

Anglais et les Français. Tout cela ne laisse pas que d'intéresser des *montagnons*, qui n'ont jamais rien vu.

« Voici un mois dangereux pour l'embarquement. L'année dernière on embarqua pour la Guyane, le premier d'août. Qu'arrivera-t-il cette année ? Nous n'en savons rien » (10).

Pierre-Joseph Monnot avait d'excellentes raisons de se défier de l'avenir. Le jacobinisme triompha de nouveau aux élections de 1799, en haut lieu du moins, et grâce aux manœuvres coutumières des exaltés. On s'en aperçut bientôt dans la paroisse du déporté, car le département engloba au milieu d'une fournée de suspensions, celle de l'agent de Bretonvillers, J.-J. Chopard, considéré comme antipathique aux maîtres du pouvoir.

L'adjoint, toutefois, resta en charge et l'on procéda, le 15 septembre (29 fructidor an 7), à l'élection d'un nouvel agent, dans la personne de C.-F. Gouverd, meunier au moulin de Belvoir et frère de Jean-Baptiste, l'agent de 1798.

Le dernier succès des exaltés fut de courte durée. Fatigué des agitations sans fin, des illégalités sans cause, sentant le pays d'accord avec lui-même, Bonaparte balaya les gouvernants d'alors et prit en main les destinées de la France, par le coup d'Etat du 18 brumaire, an 8 (9 novembre 1799).

———

CHAPITRE XVI

———

Le retour

A cette date, l'abbé Monnot languissait toujours à l'île de Ré. Avec tous les déportés, il salua le coup d'Etat (10.719), comme un symptôme de prochaine délivrance. Et, en effet,

(10) **Pour de plus amples renseignements sur la déportation à l'île de Ré, on peut lire la relation de dom Froissardey, dans Sauzay (9.760) ou de Chaffoy (311) et mieux Mansrau (curé doyen de Saint-Martin de Ré).** *Prêtres et religieux déportés sur les côtes et dans les îles de la Charente-Inférieure*, **2 vol. in-8°, de 500 p. chacun, 8 fr., Lille, Desclée, éditeur, 1886.**

le gouvernement consulaire releva de la déportation un grand nombre de prêtres, par arrêté du 29 novembre 1799 (10.477)

Il libérait : 1º tous les prêtres assermentés ; 2º ceux qui s'étaient mariés ; 3º ceux qui avaient cessé l'exercice du culte, après le 7 vendémiaire, an IV, et ainsi n'étaient plus astreints à aucun serment.

Il songea ensuite aux proscrits de l'île de Ré et offrit à tous, la liberté moyennant un acte de simple soumission à la constitution nouvelle. La plupart, l'évêque de Saint-Papoul en tête, n'hésitèrent pas à donner au gouvernement cette marque de confiance et furent immédiatement libérés. Mais il y en eut environ 200, qui aimèrent mieux continuer à souffrir que de s'engager témérairement (10.499).

Parmi eux, on comptait l'abbé Monnot. Cependant, le gouvernement républicain eut assez d'équité pour laisser sortir les prêtres qui s'obstinaient à refuser leur adhésion. Il se promettait de faire tomber ainsi, et à la longue, les scrupules de conscience qui les tenaient toujours éloignés des institutions nouvelles.

Les administrations subalternes se prêtèrent docilement à ces vues libérales. C'est ainsi, que la municipalité cantonale affirma que l'abbé Monnot n'avait exercé aucune fonction, depuis le 7 vendémiaire, an 4 (29 septembre 1795). C'était trop évidemment faux pour tromper personne (10.495).

Le département se contenta d'un semblable certificat, rangea le vicaire en chef, à son insu, dans la 3ᵉ catégorie des libérables en vertu de l'arrêté du 29 novembre 1799, et, s'appuyant sur deux lettres ministérielles du 12 et du 15 février 1800, qui autorisaient à rendre immédiatement la liberté aux prêtres insoumis, en cas d'urgence (10.496), il signa une décision, le 5 avril, qui ouvrait à l'abbé Monnot les portes de la citadelle de Saint-Martin (10.715).

Dix jours après, Cl.-F. Verdot, l'ancien curé de Villers-les-Luxeuil, était l'objet d'une libération analogue. Un arrêté du département le relevait de la déportation à laquelle il restait sujet en droit, comme prêtre insermenté. Plus tard, il prit résidence à Besançon, où le 13 août 1801, il était noté comme prêtre nouvellement soumis et fut enfin nommé curé à Pugey (10.715 et 725).

En ce même mois d'avril (germinal an 8), l'agent Cl.-F. Gouverd, fit place au magistrat destitué le 18 fructidor, J.-B. Verdot (11). Est-ce la suite d'une démission ou la conséquence d'une nouvelle destitution ? Ce point n'est pas éclairci, toutefois un semblable changement venait à propos pour faciliter la rentrée de l'abbé Monnot. Il se présenta sans délai à Bretonvillers et y exerça, comme auparavant, son ministère de pasteur. A la date du 23 mai 1800 (R), il était déjà en fonctions et mentionnait sur le registre, ce titre d'*insermenté* qu'il avait souligné doublement, par l'exil et par la déportation.

Malheureusement, un grave désaccord régnait alors, entre l'administration civile et le clergé Le gouvernement ne voulait accorder sa confiance et son appui qu'à des ministres ayant promis fidélité. Les prêtres croyaient au contraire, pouvoir reprendre leur place au milieu de leurs paroissiens comme par le passé, sans l'attache de la police. Par ailleurs, ils craignaient, en se soumettant à la constitution nouvelle, de passer pour des transfuges (10.505).

« Les prêtres de l'île de Rhé, écrivait à cette époque, un ecclésiastique tout voisin de l'abbé Monnot, ont terminé honteusement une belle carrière. Hélas ! la durée et la rigueur des maux les a affaiblis et quand ils iront paraître devant Dieu, ils désireront sans doute, de pouvoir effacer ce trait de leur vie.

« Nos supérieurs jugent illicite la promesse de fidélité à la constitution et il n'est pas difficile de se convaincre de cette *illicité.*

« L'art. 93 de cette constitution, bannit à jamais, les évêques presque tous émigrés, non pour d'autres motifs que de sauver leur vie et d'empêcher la persécution de tomber sur leur troupeau fidèle. Quel est celui d'entre nous qui oserait souscrire à ce bannissement et espérer, par cet acte, servir la religion ?

« Les art. 93 et 94 de la même constitution, confirment la spoliation de l'Eglise et d'une foule d'émigrés innocents ; et la religion nous défend de coopérer, de ratifier, d'approuver et même en certains cas, de nous taire sur l'injustice.

(11) **Registre d'état civil.**

« Ces raisons ne laissent pas de doute sur l'obligation de se refuser à la dite promesse (12). »

Telles étaient les idées courantes dans le clergé bisontin. Les vicaires généraux, M. Durand en tête, ne leur ménageaient pas un solide appui (10.505 et 721). Aussi, guidé par leur exemple, l'abbé Monnot persista longtemps dans la ligne de conduite qui lui semblait imposée et il se refusa de faire acte de soumission au nouveau gouvernement.

Il en résulta qu'il ne put exercer publiquement. — Il dut se contenter de célébrer l'office divin dans des maisons particulières. Au reste, les instructions données à cette époque par l'autorité diocésaine, recommandaient une grande prudence.

Elles interdisaient à tous les missionnaires et prêtres du diocèse, même titulaires avant la Révolution, de faire entendre aucun chant dans leurs églises « au cas où les circonstances leur permettraient d'y rentrer.

« Il ne devait pareillement être chanté ni grand'messe, ni vêpres, ni bénédictions dans aucune chapelle particulière, ou autre lieu imposé par la nécessité des temps, pour la célébration des saints mystères (13). »

L'abbé Monnot se conforma strictement à ces injonctions. Néanmoins son attitude politique le fit voir d'un mauvais œil par l'administration civile. Comme on pouvait redouter son influence, si elle était appuyée par un maire trop bienveillant, on enleva à J.-B. Verdot, son mandat provisoire qui fut attribué à l'ancien administrateur de Saint Hippolyte, Cl. F. Huot-Marchand, le Régent. Cette nomination eut lieu en août, peut-être en juillet 1800, trois mois environ après la rentrée de l'abbé Monnot. Elle ne fut pas le résultat des élections régulières du 19 juin (14).

Il est juste de dire que J.-B. Verdot, devint adjoint dans la nouvelle municipalité et qu'ainsi s'établit un équilibre entre les forces diverses des partis politiques. C'était de la part de

(12) Note trouvée dans les papiers de l'abbé Alexis Humbert, de Longevelle, fameux réfractaire, sur lequel il sera intéressant d'insister un jour, plus longuement.

(13) Règlement du 26 mars 1800, dans les papiers de M. l'abbé Humbert, curé de la Grange. Art. 5 et 6.

(14) Registre d'état civil,

l'administration supérieure une façon habile d'obtenir la pacification des esprits.

Mais le sous-préfet de Saint-Hippolyte, Micaud, resta longtemps prévenu contre l'abbé Monnot, à cause de son refus de
serment. Dans son rapport daté du 2 août 1801, il le présentait comme un « fanatique exaspéré, très intolérant et point
ami du gouvernement » (10.735). La preuve qu'il n'était pas
imbu des sentiments qu'on lui prêtait, c'est que sa paroisse
s'était groupée autour de lui avec l'unanimité la plus complète.

Aussi voyons-nous la présence de l'abbé Monnot se maintenir sans intervention tracassière, trois ans durant, malgré
son insoumission à la constitution. Il fut même inscrit dans
le tableau du clergé du diocèse, reconstitué en exécution du
Concordat, à la date du 4 janvier 1803 (10.759). Bien plus, on lui
donna un vicaire dans la personne de l'abbé J.-B. Huot-Sordot,
de Pierrefontaine, ancien vicaire de Sainte-Marie-en-Chanois.

Mais, en fait, il n'avait pas encore reçu de nomination. Elle
ne vint qu'en juillet 1803, lorsque le prêtre se fut résolu à
prêter le serment requis, les dispositions et l'application du
Concordat une fois connues, ainsi que le constate la déclaration suivante consignée au registre des délibérations
communales.

« L'an onze de la République française, le douze thermidor,
et de l'Incarnation de Notre-Seigneur, le trente et un juillet
mil huit cent trois, s'est présenté devant nous, maire de la
commune de Bretonvillers, le sieur Pierre-Joseph Monnot,
prêtre desservant au dit lieu, lequel nous ayant présenté sa
nomination à la succursale de Bretonvillers, le certificat de la
prestation du serment exigée par le concordat, et son institution canonique pour la desservir, à lui remise par Monseigneur Leroz, archevêque de Besançon, nous a témoigné vouloir prendre possession de la dite succursale, et a requis le
sieur J.-B. Huot, prêtre de Pierrefontaine, son vicaire, à l'effet
de l'établir dans la dite possession, lequel, selon les formes
prescrites et usitées en pareil cas, a instamment mis le requé-
rant en la vraie et réelle possession de la dite succursale de
Bretonvillers, en présence des citoyens François-Joseph Verdot,
Jean Baptiste Verdot, Claude-François et Jean-Baptiste Gouverd, tous membres du conseil municipal et adjoint, et qui ont

signé avec nous, et de toute la paroisse présente à cette cérémonie (f. 148). »

CHAPITRE XVII

La reconstitution de la paroisse

La nomination du conseil municipal, par arrêté du préfet,
à la date du 1er jour complémentaire, an 9 (18 septembre 1801)
(f. 136), contribua encore à la fusion des partis et des cœurs.

L'administration avait voulu grouper les personnages mar-
quants, que nous avons vus figurer à Bretonvillers, au cours
de cette étude. Il n'y manquait que le maire de 1793 et 1798.
C'étaient notamment François-Joseph Verdot, Jacques-Joseph
Chopard, Pierre-Joseph et Alexis Gaume, Jean-Baptiste Gouverd, le jeune, et son frère Claude-François. Leurs noms, avec
ceux du maire et de l'adjoint, présentaient des garanties de
paix et de concorde.

Encouragé par l'accalmie, l'abbé Monnot, ne fit qu'activer
son ministère de restauration. Plus d'une fois il dut regarder
en arrière, mais ce fut toujours pour réparer les lacunes ou les
ruines causées par la Révolution.

Il consigna nombre d'extraits de baptême que les familles
lui apportaient, comme preuve de leur fidélité religieuse durant
la tourmente. Jusqu'en 1805, le registre paroissial en renferme
un certain nombre mêlés aux actes du temps et qui témoignent de la présence, au plus fort des orages révolutionnaires,
à Bretonvillers ou dans le voisinage, des prêtres persécutés.

Ainsi, sont mentionnés, pour avoir baptisé des enfants de
la paroisse, en 1793, MM. Huot, de Laviron, vicaire en chef à
La Grange-les-Belvoir, martyrisé le 8 octobre de la même
année (4.86), et Robert, du Mont-de-Vougney, vicaire à
Guyans-Vennes, martyrisé le 24 janvier 1794 (5.507) ;

En 1794, Roch, de Provenchère, vicaire à Landresse, martyrisé le 4 mars de cette année-là (5.552), et Cl.-Th. Renaud,
du Plaimbois-du-Miroir, compagnon de déportation de M.
Monnot (9.641) :

En 1795, Jousserandot, jeune prêtre de Macornay (Jura),

dont le nom de guerre, destiné à dépister les persécuteurs, était *Henri Boitoux* (7.703 et 9.643), Cl.-F. Verdot, curé de Villers-les-Luxeuil, et Boillon, curé de Rothonay, tous deux de Bretonvillers ;

En 1798, Lornot, du Bélieu, vicaire en chef de Plaimbois-du-Miroir, et F.-J. Tournoux, de Chamésey, plusieurs fois arrêtés dans le cours de la Révolution ;

Enfin, en 1799 et 1800, le même Tournoux et Jean-Donat Courtot, de Longemaison, curé à Mailleroncourt-St-Pancras (Haute-Saône) (1).

Si ces dates rappelaient au prêtre de douloureux souvenirs, la situation présente lui donnait de grandes consolations. Le 12 juillet 1804, le conseil de fabrique était nommé sous son influence par les vingt citoyens les plus imposés de la commune, outre le maire et le curé, et réunissait F. X. Gouverd, F.-J. Verdot, le Vieux, F.-J. Huot-Marchand, J.-B. Gouverd (2). De concert avec ces hommes zélés, l'abbé Monnot travailla à la réparation de son église et à la recomposition de son mobilier.

Le conseil municipal lui-même, fut appelé à contribuer à cette œuvre de restauration religieuse.

Le 10 thermidor, an XII (29 juillet 1804), il s'assembla pour exprimer ses vœux relativement « au nouveau plan de circonscription religieuse ordonné par décret impérial du 11 prairial », et conforme à l'article 9 du Concordat.

Il fit connaître que la population s'élevait alors, dans la commune, « à 442 individus, dont 204 pour lo chof lieu, 115 pour le Saucet, 73 pour Lajoux, et 50 pour les autres granges écartées ».

Il priait les autorités compétentes, de déclarer succursale l'église de Bretonvillers, « comme elle le fut dernièrement et comme elle l'avait déjà été, avant la Révolution, par un jugement de l'archevêque dernier, défunt, nonobstant les puissants efforts des décimateurs et autres parties intéressées ».

Le conseil observait, au surplus, « que si, suivant le nouveau plan de circonscription à former, la population avec l'éloignement des lieux et la difficulté des chemins que l'on expose, ne sont pas aux yeux du gouvernement, assez importants pour déterminer l'érection demandée, on pourrait

(1) Voir le tableau de ces baptêmes aux documents, p. 97 et 98.
(2) Registre de la fabrique, à la suite du registre paroissial des mariages

convenablement y annexer la commune de Longevelle, (3) distante facilement d'un quart de lieue, et n'y ayant entre les deux communes, nulle antipathie, ni mésintelligence » (f. 151).

Ayant ensuite à répondre à un questionnaire, le conseil municipal indique, qu'avant la Révolution, « il était fourni aux frais du culte par le produit des fondations faites en argent et en terres qui ont été vendues ou aliénées, par une livraison de *bled* et par des dons volontaires ».

Il déclare enfin, que « Bretonvillers possède une assez belle église construite à neuf, depuis environ trente ans, assortie d'une cloche du poids de deux mille, et de tous les meubles, linges et ornements nécessaires à l'exercice du culte, en sorte qu'on peut bien, sans exagérer, la regarder comme église proprement dite » (f. 152).

A cette époque, la proclamation de l'Empire, donna lieu à la prestation d'un nouveau serment. Rien ne prouve mieux dans quel état d'âme se trouvait l'abbé Monnot, que la facilité avec laquelle il se prêta alors à cette formalité.

« L'an XII de la République française, le 13 fructidor (31 août 1804), dit le registre... s'est présenté par devant nous, maire de Bretonvillers, Monsieur Monnot Pierre-Joseph, y desservant. lequel a prononcé à haute et intelligible voix : « Je jure obéissance aux constitutions de l'empire et fidélité à « l'empereur, » et a signé, Monnot, prêtre » (f. 153).

Une fois rassuré sur les dispositions des hommes politiques, le zélé prêtre leur donnait sans discuter, son adhésion. Sauvegarder les droits de Dieu et de l'Eglise, voilà la seule préoccupation qui l'empêcha toujours de se soumettre au pouvoir civil.

Cependant le confesseur de la foi avait perdu, en exil, dans ses voyages, durant son séjour sous le rocher de la *Gélicolle* ou dans l'île de Ré, cette fleur de santé qu'il tenait de sa famille. Les infirmités étaient venues, bien qu'il n'eût guère dépassé la cinquantaine. Il avait déjà, nous l'avons vu, obtenu en mai 1803, un vicaire, l'abbé Huot-Sordot, de Pierrefontaine (2.462). A son départ, en juillet 1805, il fut secondé par l'abbé Jeanmaire (4) jusqu'en janvier 1806, puis par l'abbé Joly.

En mai de cette même année, M. Monnot se résolut à

(3) Il est à remarquer qu'en fait, tous les *états du diocèse* jusqu'en 1878 inclus, rattachent Longevelle à la paroisse de Bretonvillers.

(4) Loye, *Histoire de la baronnie de Belvoir*, p. 325 et 332.

quitter le ministère. Ses infirmités attestées par plusieurs certificats administratifs, rendaient sa présence onéreuse à ses paroissiens et son influence moins efficace. Il sentait lui-même que dans l'intérêt de ceux qu'il avait tant aimés, il devait faire place à un pasteur plus jeune et plus actif.

D'ailleurs, la vie religieuse et morale était prospère à Bretonvillers, l'abbé Monnot avait achevé là, son œuvre réparatrice.

CHAPITRE XVIII

La retraite

Il se retira dans son pays natal à Surmont, chez son frère. Il n'avait que 55 ans. L'administration civile ne lui tint pas rigueur de son long refus de serment à l'époque du Concordat, car elle lui attribua le 1ᵉʳ août 1811, une pension ecclésiastique de 267 francs.

Sa cure échut à un prêtre qui s'était signalé plus d'une fois comme lui, pendant la Révolution, pour son zèle religieux et sa fidélité aux traditions de l'Eglise. C'était l'abbé Guill-Vandelin-Félix Anguenot, (2.483) nommé à la succursale de Péseux, lors de la reconstitution du diocèse (10.759).

Une fois retiré dans sa famille, l'abbé Monnot ne chercha plus que l'effacement et l'oubli. Ce vaillant lutteur vécut longtemps encore dans la prière et le recueillement, montrant une fois de plus la trempe de son âme faite en même temps pour la contemplation et pour l'action.

Il fut cruellement éprouvé par la maladie. Aux rhumatismes contractés à l'île de Ré et dans ses nombreuses pérégrinations de fugitif, s'était jointe une maladie des yeux qui aboutit à la cécité complète. Ces infirmités lui rendirent bientôt impossible toute espèce de voyages et lui interdirent le plus agréable de tous : une visite à Bretonvillers.

Le vieillard supporta courageusement toutes ces épreuves, bénissant la main qui le frappait pour le purifier et s'unissant par le cœur à ceux qu'il ne pouvait voir de près.

Des deux prêtres originaires de Bretonvillers qui survécurent à la Révolution, l'un, l'abbé F.-X. Boillon, était alors curé à Droitfontaine où il mourut, après avoir été parrain d'une cloche en 1828, lors de la reconstruction de l'église de son pays (1) ; l'autre, Cl.-F. Verdot, ex-curé à Villers-les-Luxeuil, pendant de longues années exerça son ministère à Pugey près de Besançon, et y fut enseveli.

Cl.-F. Huot-Marchand resta maire jusqu'en 1816. A cette époque, il donna sa démission (f. 166), motivée, à ce qu'il semble, par le changement de gouvernement, car la Restauration, moins que l'Empire, était favorable aux personnages qui avaient joué un rôle actif durant la Révolution. Mais il continua à siéger au conseil municipal jusqu'en 1828 (f. 200). Le 15 mars 1830, il expirait à l'âge de 86 ans.

Un mois après, le 15 avril, c'était le tour de l'abbé Monnot. La Providence semblait ainsi continuer jusqu'au bout la connexité de ces deux destinées si différentes par certains côtés et qui auraient pu, sans les circonstances de la Révolution, être si semblables dans leur recherche du beau, du bien, du vrai.

Le registre paroissial de Surmont fait foi que les obsèques np prêtre furent conduites par d'autres confesseurs de la Sainte Eglise, notamment par l'abbé Anguenot, son successeur à Bretonvillers, et l'abbé Pâris, curé de Surmont.

Mais il fut établi un autre document, un document de pierre pour garder à Surmont le souvenir de cette vie, dont nous venons d'essayer la trame, et l'on peut encore lire aujourd'hui, sous le porche de l'église de ce petit village, cette épitaphe dont l'éloquente simplicité est destinée à faire réfléchir quand même :

« Ici repose M. P.-J. Monnot, prêtre, ancien curé de Bretonvillers, exilé a l'ile de Ré pour sa fidélité a la religion, plein de zéle, de foi et de mérite, est (*sic*) décédé a Surmont, le 15 avril 1830, agé de 79 ans. *Requiescat in pace. Amen* » (2).

(1) Voici l'inscription tumulaire qui lui a été consacrée sur une dalle, au devant de l'église de Droitfontaine : « Ci-git | M. Boillon | curé de Droitfontaine | né à Bretonvillers | le 16 juin 1751 | mort le 23 septembre 1837 | Il fut exilé pour sa foi | Sa piété, son cœur | charitable nous | rendront toujours | son nom bien cher | *Requiescat in pace* ».

(2) La famille si profondément chrétienne des Monnot est complètement éteinte. Son dernier représentant, Victor Monnot, petit neveu du confesseur de la foi, est mort à Surmont, au mois de septembre 1897, à l'âge de 86 ans. Sans enfants et sans parents rapprochés, il a voulu disposer de sa petite fortune en œuvres pies. Une partie a fondé une bourse au Grand Séminaire de Besançon et l'autre est allée aux Missions étrangères. Il n'a cependant pas oublié l'église de son pays natal : outre la lampe du sanctuaire fondée à perpétuité et une autre fondation plus importante, elle lui doit ses deux petits autels. Qu'il repose en paix ! (Note de M. l'abbé André, curé de Surmont).

APPENDICE

I. — Tableau des principales victimes de la persécution révolutionnaire a Pretonvillers

1 Guillotiné : Alexis Bobilier, Besançon 31 décembre 1794.

1 Massacré : Cl.-F. Verdot, Bretonvillers, 11 octobre 1798.

1 Condamné à 10 ans de déportation à la Guyane : F.-Jos. Pêcheur, 21 octobre 1793, déposé à Lorient, d'où il est élargi le 3 avril 1795.

2 En état d'arrestation indéterminée, 21 octobre 1793 : Jean-Ignace Sarron et Modeste Boillon.

12 Detenus à Vaucluse : Jean-Joseph Gouverd, 9 octobre 1793 ; Marie Receveur, femme J.-F. Boillon, 23 octobre 1793 ; Ludivine Boillon, servante de l'abbé Monnot, 23 octobre 1793 ; Marguerite Chopard, 23 octobre 1793 ; Cl.-F. Verdot, 10 janvier ; Cl.-F. Verdot-Bourdon, 10 janvier ; J.-B. Verdot, 10 janvier ; Alexis Gaume, 10 janvier ; Pierre-Joseph Gaume, 10 janvier ; Jacques-Joseph Chopard, 10 janvier ; F.-Joseph Verdot, le maire, 23 janvier 1794 ; Françoise Boillon, des Tourniers, 10 août 1794.

7 Reclus à domicile : Cl.-François Verdot, 9 octobre 1793 ; Cl.-Franç. Verdot-Bourdon, 23 octobre 1793 ; J.-B. Verdot, 23 octobre 1793 ; Pierre-Joseph Gaume, 23 octobre 1793 ; Alexis Gaume, 23 octobre 1793 ; Jacques-Joseph Chopard, 23 octobre 1793 ; F.-X. Gouverd, 1er juin 1794.

3 Inculpés devant le tribunal révolutionnaire de Paris : Jacques-François Boillon, frère des abbés Boillon ; Gabrielle et Thérèse Boillon, ses filles ; envoyés le 4 août, acquittés le 19 novembre 1794.

8 Émigrés : X. Boillon, cultivateur, inscrit sur la 5e liste, 9 juillet 1794 ; Cl.-Honoré Pillot, 5e liste, 16 mois 1/2 d'exil ; Joseph Verdot-Bourdon 5e liste, 15 mois 1/2 d'exil ; Joseph Verdot, 5e liste, 15 mois 1/2 d'exil ; Claude-François Verdot, 5e liste (1), 9 mois d'exil ; Alexis Bobilier, domestique, 6e liste, 13 août 1796 (guillotiné) ; Scholastique Perrin, femme Verdot, 6e liste, 7 mois d'exil ; Jeanne-Claude et Thérèse Verdot, filles de la précédente, 6e liste, 7 mois d'exil.

5 Désarmés comme suspects, 19 octobre 1792 : Claude-Joseph Huot-Marchand ; F.-X. Gouverd ; J.-Cl. Sarron ; Alexis Gaume ; Cl.-Joseph Verdot.

II. — Liste des prêtres qui se sont succédés a Bretonvillers avant l'abbé Monnot

1. Pierre-François Mairot, des Ecorces, 1716, date de son arrivée. — 2. J. Parrenin, mai 1725. — 3. J.-F. Morel, février 1728. — Pierre-François Mairot, des Ecorces, déjà nommé, 1737 à 1747. Vacance de 1747 à 1754. — 4. G. Perrin, 1754. — 5. J.-C. Sanseigne, 1761. — 6. Pierre-Joseph Boillon de Bretonvillers, 1767. — 7. Claude-Alexis Maillot, 1771. — 8. Voisard, novembre 1781.

III. — Liste des baptêmes pendant la Révolution inscrits sur des feuilles volantes, a Bretonvillers

19 Novembre 1792, baptême fait par M. Monnot, 8 mars 1805 ; 30 novembre 1792, baptême fait sans indication du ministre, n° 34 ; 3 juin 1793, Huot, n° 32 ; 15 août 1793, Robert, n° 27 ; 15 février 1794, Roch, n°s 28 et 70 ; 22 octobre 1794, Renaud, n° 29 ; 5 novembre 1794, Renaud, n° 30 ; 23 janvier 1795, Jousserandot, n°s 17, 18, 71 ; 6 mars 1795, Verdot, de Villers-les-Luxeuil, après le 2 mars 1805 ; 27 avril 1795, Boillon, de Rothonay, n° 31.

12 mai 1798, F.-J. Tournoux, n° 62, extrait inséré par M. Monnot ; 19 juin 1793, F.-J. Tournoux, n° 64, c'est lui qui signe. — M. Monnot réapparait : 26 novembre 1798, Lornot, après le 1er mai 1805 ; 29 novembre

---

(1) Il faut remarquer que les registres de Bretonvillers ne disent rien de X. Boillon, ni de Joseph Verdot comme émigrés. Par contre, ils mentionnent Cl.-F. Verdot, qui est omis dans Sauzay. Peut-être y a-t-il eu confusion entre Joseph et Cl.-F. Verdot. Enfin, Bobilier était mort depuis longtemps, le 13 août 1796. C'est pourquoi je ne compte que huit émigrés.

1798, Tournoux, après le 1er février 1803 : 25 janvier 1799. Tournoux, après le 18 novembre 1800 ; 26 mars 1799, Tournoux, après le 13 août 1802 ; 4 mai 1799, Tournoux, après le 2 mars 1802 : Le parrain est l'abbé Courtot, chez J.-B. Gouverd ; 25 août 1799. Tournoux, après le 5 janvier 1801 : 25 septembre 1799, Tournoux, après le 29 janvier 1805 : 29 décembre 1799, Tournoux, après le 2 mars 1805 : (Parrain l'abbé Courtot, représenté chez Jean-Alexis Huot-Marchand) ; 18 janvier 1800, Courtot (Jean Donat, curé de Mailleroncourt Saint-Pancras, (1.734) n° 69, 26 février 1802.

Nota. — Les dates antérieures à 1801 marquent l'époque où ont été faits les baptêmes. Les dates postérieures à 1801 désignent les époques auxquelles ou après lesquelles les actes de ces baptêmes ont été consignés sur le registre paroissial. Les noms propres indiquent les prêtres qui ont fait les baptêmes.

IV. — SUCCESSION DES QUATORZE ADMINISTRATIONS MUNICIPALES DE 1790 A 1890

1790 : Jean-Jacques-Joseph Huot-Marchand, maire : 1792, 2 décembre : François-Joseph Verdot, maire en 1795 et 1799 : 1792, 8 septembre : Jean-Joseph Huot-Marchand, maire (voir en 1798) : 1795, 4 novembre : François-Joseph Verdot, agent ; 1797, 30 avril : Jean-Baptiste Verdot, agent en 1800 : 1797, 22 septembre : Jean-François Chopard, agent ; 1798, 1er février : Claude-François Huot-Marchand, le Vieux, agent : 1798, 30 mars : Jean-Baptiste Gouverd, agent : 1798, 8 juillet : Jean-Joseph Huot-Marchand, agent ; 1799, 28 mars ? : François-Joseph Ver'ot, agent ; 1799, 30 mars : Jacques-Joseph Chopard, agent ; 1799, 15 septembre : Claude-François Gouverd, agent : 1800, 23 mai ? : Jean-Baptiste Verdot, agent, puis maire provisoire ; 1800, 28 août ? : Claude-François Huot-Marchand, le Régent, maire.

Nota. — Les quantièmes indiquent la date de l'élection du maire. Les points d'interrogation signifient que la date mentionnée n'est pas celle de l'élection, mais une date à laquelle on voit figurer le magistrat dans le registre d'état-civil.

Index Alphabétique des Noms de Lieux

Ainvelle-les-Conflans, p. 8.
Ajoie, p. 4, 6.
Allemagne, p. 74.
Auvergne, p. 42.
Avoudrey. p. 27, 29.
Babylone, p. 25.
Battenans, p. 5.
Baume, p. 3, 8, 28, 62, 72.
Belfort, p. 51.
Belleherbe. p. 12, 18, 19, 20, 24, 29, 41, 42, 45, 50, 55, 57, 58, 67, 69, 70
Bélieu (le), p. 21, 85, 93.
Belvoir, p. 5, 16, 94.
Berne, p. 24.
Besançon, p. 2, 5, 6, 9, 13, 17, 18, 20, 35, 38, 50, 61, 71, 79, 80, 81, 82, 83, 84, 85, 88, 96.
Bizot (le), p. 85.
Blamont, p. 4, 6.
Bonnétage, p. 10, 21, 22, 38.
Bournois, p. 58.
Bretonvillers, p. 3, 4, 5, 6, 7, 8, 9, 11, 12, 14, 16, 17, 18, 19, 20, 21, 23, 24, 27, 28, 29, 30, 31, 32, 33, 34, 35, 36, 37, 38, 39, 40, 41, 42, 43, 45, 46, 47, 49, 51, 53, 54, 55, 56, 57, 59, 60, 61, 62, 63, 64, 66, 67, 68, 69, 70, 71, 72, 73, 74, 75, 76, 77, 78, 79, 81, 82, 83, 85, 87, 89, 91, 92, 93, 94, 95, 96, 97.

Brosses (les), p. 21.
Bruxelles, p. 82.
Catalogne, p. 31.
Cayenne. p. 14, 81.
Chaffois, p. 58, 80.
Chambornay-les-Pins, p. 24.
Chamésey, p. 5, 12, 18, 19, 23, 24, 27, 28, 42, 43, 44, 45, 46, 50, 63, 67, 69, 70, 71, 73, 84, 93.
Charente-Inf., p. 80.
Charmoille, p. 5, 34, 36, 42, 51, 55, 57, 59, 60, 63, 67.
Charquemont, p. 29.
Chenalotte (la), p. 22.
Cber, p. 13.
Clerval. p. 1, 13.
Côte-d'Or, p. 42.
Courchaton, p. 58, 80.
Cour-Saint-Maurice, p. 3, 4, 5, 8, 32, 53, 60, 70, 72, 73.
Cressier, p. 15, 20, 21, 22, 23, 24, 29, 30, 48, 51, 52.
Dessoubre (rivière), p. 27, 61.
Dijon, p. 61.
Domprel, p. 27, 28.
Doubs (dép. du), p. 28, 46, 49, 56, 69, 73, 75.
Doubs-Marat, p. 45, 49, 55.
Douai. p. 34, 61.
Droitfontaine, p. 5, 14, 58, 63, 70, 71, 95, 96.
Ebey, p. 41.

Ecorces (les), p. 97.
Elnsiedeln, p. 46.
Espagne, p. 31.
Eysson, p. 27.
Faimbe, p. 2.
Faubaye (la) (de Bretonvillers), p. 74, 79.
Faverney, p. 8.
Feule, p. 51.
Flangebouche, p. 24, 29.
Fontaine, p. 85.
Fontenelles (les), p. 10, 22, 23, 24.
Fribourg, p. 24.
Franche-Comté, p. 20.
France, p. 22, 52, 54, 82, 84, 85, 87.
Frambouhans, p. 72.
Fremondans, p. 5, 51.
Friolais (le), p. 5.
Fuans, p. 72, 80.
Gélicotte (grotte de la), p. 74, 78, 94.
Gémonval, p. 2.
Germéfontaine, p. 28.
Glamondans, p. 24.
Gigot (de Bretonvillers), p. 27, 36, 38.
Gomorrhe, p. 25.
Grand-Communal, p. 29.
Granvelle (partie dite de), p. 5.
Guyane (la), p. 23, 35, 76, 79,

80, 87.
Guyans-Vennes, p. 80, 92.
Haute-Marue, p. 57, 80.
Haute-Saône, p. 45, 80, 93.
Jougne, p. 72.
Jura, p. 42, 49, 57, 58.
Lagrange, p. 19, 67, 70, 90, 92.
Lajoux (de Bretonvillers), p. 93.
Landeron (le), p. 24, 29.
Landresse, p. 27, 92.
Langres, p. 11.
Languedoc, p. 81.
La Rochelle, p. 80.
Lausanne, p. 20.
Laval, p. 27, 66, 83.
Lavirou, p. 92.
Lille, p. 87.
Longemaison, p. 14, 93.
Longevelle, p. 5, 14, 24, 42,
    67, 71, 90, 94.
Lorient, p. 35, 39.
Luhier (le), p. 24, 61.
Luxeuil, p. 8.
Macornay, p. 58, 92.
Maîche, p. 5, 31, 35, 36, 38, 40,
    51, 59.
Mailleroncourt-Saint-Pancras,
    p. 14, 93.
Marvelise, p. 2.
Mérey, p. 85.
Mont-Blanc, p. 82.
Mont-de-Vougney, p. 5, 22, 51,
    92.
Monts-de-Villers (les), p. 28.
Morteau, p. 28, 85.
Moulin-de-Belvoir (le) (de
    Bretonvillers), p. 42, 43, 75,
    87.

Neuchatel, p. 20, 29.
Nîmes, p. 20.
Noël-Cerneux, p. 85.
Noroy, p. 81.
Onans, p. 2.
Orchamps-Vennes, p. 80.
Orgeans, p. 5.
Ormoy, p. 8, 18, 36.
Ornans, p. 23, 28, 38.
Paris, p. 16, 50, 60, 70, 71.
Péseux, 12, 64, 70, 95.
Pierrefontaine-les-Varans, p.
    8, 27, 28, 29, 30, 51, 58, 61,
    62, 72, 91, 94.
Plaimbois-du-Miroir, p. 16, 17,
    21, 27, 28, 41, 51, 80, 85, 92, 93.
Plaimbois-Vennes, p. 22.
Pontarlier, p. 56.
Provenchère, p. 41, 51, 55,
    67, 69, 70, 92.
Pugey, p. 88, 96.
Ré (île de), p. 79, 80, 81, 82,
    84, 85, 87, 88, 89, 94, 95.
Réaumont, p. 8.
Reverotte (rivière), p. 27, 58, 74.
Rome, p. 12.
Rosières, p. 19, 76.
Rosureux, p. 24, 51, 69, 70.
Rothonay, p. 8, 56, 63, 93.
Russey (le), p. 8, 21, 28.
St-Hippolyte (sur le Doubs),
    p. 5, 9, 12, 13, 17, 18, 21, 29,
    30, 31, 32, 33, 37, 45, 49, 51,
    55, 59, 62, 74, 75, 78, 90, 91.
St-Hippolyte-les-Durnes, p. 85.
St-Loup, p. 7, 31.
St-Martin (citadelle), p. 81, 88.
St-Papoul, p. 81, 88.

Ste-Colombe, p. 58.
Ste-Madeleine (paroisse de),
    p. 13.
Ste-Marie-en-Chanois, p. 24, 91.
Salins, p. 56, 61.
Sancey, p. 1, 3, 13, 14, 27.
Saucet (le) (de Bretonvillers),
    p. 19, 34, 36, 40, 45, 50, 74,
    85, 93.
Semur, p. 80.
Sodome, p. 25.
Suisse, p. 17, 22, 29, 46, 48,
    74, 79.
Soleure, p. 24.
Sommette (la), p. 27.
Surgères, p. 80,
Surmont, p. 1, 9, 28, 41, 95, 96.
Tourniers (les) (de Bretonvil-
    lers), p. 46, 50.
Trepot, p. 72.
Val (le) (de Bretonvillers), p.
    35, 85.
Valdahon, p. 80, 85.
Valonne, p. 19, 70.
Vaucluse, p. 5, 15, 18, 19, 21,
    23, 28, 34, 35, 37, 40, 42, 45,
    46, 50, 51, 55, 57, 61, 67, 69,
    70, 71, 72, 73, 75, 76, 78, 83.
Vauclusotte, p. 5, 12, 60, 61.
Vautherans, p. 58.
Vercel, p. 27, 85.
Verne, p. 3.
Vernierfontaine, p. 24.
Vernois, p. 19.
Villars-St-Georges, p. 5, 14, 58.
Villers-les-Luxeuil, p. 8, 88,
    93, 95.
Violette (la), p. 28.

Index Alphabétique des Noms de Personnes

André (abbé), p. 96.
Anguenot (abbé) Fél., p. 95, 96.
Argenson (d'), p. 1.
Babey, p. 2.
Baillaud, p. 61.
Bailly Jeanne-Claire, p. 51.
Barbier Jean-Laurent, p. 51.
Barbier Cl.-Joseph, 51.
Barnave, p. 11.
Bassal, p. 34, 39, 42, 45.
Bausset (cardinal de), p. 63.
Bavoux C.-Antoine, p. 62.
Beauséjour (Gaston de) p. 49.
Beauvais François, p. 51.
Bergier (abbé) Aug.-F., p. 85.
Bernard, p. 34.
Besson (rep. du peuple), p. 56.
Besson (Mgr), 27.
Beurthelot Jacq.-Et., p. 50.
Beurthelot F.-J., p. 34, 39, 44,
    47, 68.
Billey Jacques, p. 19.
Binétruy, p. 4, 6.
Bobilier Al., p. 27, 28, 38, 97.
Boillon (abbé) Jean-Ignace,
    p. 5, 8, 53.
Boillon (abbé) P.-Jos., p. 8,
    56, 60, 61, 62, 93, 97.
Boillon (abbé) Ferréol-X., p. 8,
    63, 95.

Boillon Ignace-L., p. 27.
Boillon Xavier, p. 30.
Boillon Thérèse, p. 49, 97.
Boillon Gabrielle, p. 49, 97.
Boillon J.-F., p. 31, 33, 37, 45.
    46, 49, 50, 66, 67, 68. 97.
Boillon Modeste, p. 35, 36, 97.
Boillon Ludiv., p. 37, 78, 79, 97.
Boillon J.-B., p. 66.
Boillon (de Belleherbe), p. 54.
Boillon Françoise, p. 46, 50.
Boillon Cl.-Franç, p. 46, 50.
Boillon Jean, p. 66.
Boillon Léon, p 60.
Boillon X., p. 97.
Boiston, p. 49.
Bolard (abbé), p. 10.
Bonaparte, p. 87.
Boucon (abbé), p. 22,
Breuillot (abbé), p. 14, 45, 58, 71.
Briot N.-Joseph, p. 8, 20, 29.
Briselance, p. 78.
Busson (abbé), p. 27.
Cabuchet, p. 12.
Chaffoy (Mgr de), p. 20, 21,
    81, 85, 87.
Chapuis (abbé), p. 85.
Charmoillaux H.-J, p. 57.
Cheval Victor, p. 70.
Chevroulet, p. 72, 73, 75, 77.

Choiseul (cardinal de), p. 2.
Chopard Jacq.-Jos., p. 9, 37,
    40, 83, 87, 92, 97, 98.
Chopard Xavier, p. 31.
Chopard Marguerite, p. 37, 97.
Chopard Cl.-Joseph, p. 37.
Chopard J.-F., p. 71, 73, 83, 98.
Chopard Marie-Angél., p. 50,
Chouffot Modeste, p. 51.
Clerc Alexis, p. 31.
Clerc Pierre-Joseph, p. 34, 42.
Comte (abbé), p. 8.
Costé, p. 61.
Couderc, p. 21.
Courtot (abbé) J.-D. p. 14, 93, 98.
Cuenin C.-F., p. 71, 73.
Daigney (abbé) J.-B., p. 21.
Debry Jean, p. 75.
Derriey, p. 21.
Desclée, p. 87.
Drouhard (abbé), p. 2.
Dumast, p 1.
Durand (abbé), p. 90.
Durfort (Mgr de), p. 10, 11.
Emery, p. 63.
Emonin, p. 85.
Emonin, p. 37.
Ferroz, p. 83.
Flajoulot, p. 19, 42, 67.
Fleury (abbé) Antoine, p. 85.

Froissardey (dom), p. 81, 87.
Gaume A., p. 12, 18, 37, 40, 83, 92. 97.
Gaume P.-J., p.36,40,83,92,97.
Girard M.-A., p. 55, 56, 72.
Girod François, p. 42, 44, 51, 55, 57, 70, 72.
Gouverd (abbé) J.-Nic, p. 8.
Gouverd F.-X., p. 18, 19, 42, 43, 93, 97.
Gouverd J.-J., p.28,34,35,36,97.
Gouverd Fr.-Jos., p. 42, 43.
Gouverd J.-B., p. 43, 75, 87, 91, 93.
Gouverd Cl-Fr., p. 43, 87, 89, 91, 92,98.
Gouverd (abbé) Louis, p. 40, 81, 83.
Gouverd J.-B.(le jeune),p.92,98.
Gouvernet, p. 79.
Grandjean, p. 61.
Grimond (Madame), p. 85.
Grisot (abbé), p. 2.
Guedot (fils), p. 19, 67, 69, 70.
Guyot (abbé), p. 12.
Huguenotte, p. 70.
Humbert (abbé) Alexis, p. 14, 24, 71, 90.
Humbert (abbé), 90.
Huot (abbé), p. 92, 97.
Huot (abbé) J.-B., p. 24, 25, 58.
Huot Jér.-Ant., p. 67.
Huot-Boley C.-F.,p.4,12,31,45.
Huot-Boley (abbé) Fél., p. 7.
Huot-Boley Et.-Jos., p. 42.
Huot-Boley J.-B.-X., p. 43.
Huot-Bolet Jean-Cl., p. 64.
Huot-Marchand J.-J.-J., p. 4, 9, 12, 19, 34, 39, 98.
Huot-Marchand Cl.-Fr., (dit le Régent), p. 8, 12, 17, 34, 37, 55, 41, 75, 90, 96.
Huot-Marchand Cl.-Fr. (dit Robuste), p. 42, 44.
Huot-Marchand Cl.-Fr. (dit le Carme), p. 42.
Huot-Marchand, Cl.-F.(fils de H. M. J.G.), p. 27.
Huot-Marchand Cl.-Fr. (dit le Vieux), p. 73,98.
Huot-Marchand Cl.-J., 18, 97.
Huot-Marchand C. (Vve), p.31.
Huot-Marchand J.-J., p. 31, 42, 44, 66, 73, 76, 83, 98.
Huot-Marchand J.-G., p. 31, 57, 63.
Huot-Marchand L., 64.
Huot-Marchand F.-J., p.83,93.
Huot-Pleuroux C.-Ig, p. 73.
Huot-Sordot (abbé) J.-B., p. 91, 94.
Huot-Soudain J.-J., p. 31.
Jacquenet (Mgr), p. 2.
Jarry, p. 38.
Javaux (abbé), curé de Bournois, p. 58.
Javaux J.-B. (abbé), p. 58, 80, 82.
Jeanmaire (abbé), p. 94.
Jeanmaire (commissaire), p. 41, 72.
Joly (abbé), p. 94.

Journot Reine, p. 51.
Jousserandot(abb.),p.58,92,97
Labet (abbé), p. 2.
Lajeanne Georges, p. 51.
Lambert (abbé), p. 49.
Lecanuet (R. P.), p. 1.
Lecoz (Mgr), p. 91.
Lejeune, p. 45, 49, 50.
Ligneville (Mme la marquise de), p. 5.
Lornot (abbé) Al., 21, 85, 93.
Louvet Claude, p. 64.
Loye (abbé), p. 94.
Luzerne (card. de la), p.11,63.
Magnin-Tochot, p. 80.
Maillé (Mgr de), p. 81.
Malseigne (baron de), p. 5.
Marsan (comtesse de), p. 5.
Maillot (abbé), p. 12.
Mairot Fr.-Jos., p. 29.
Mairot (abbé), p. 97.
Manseau (abbé), p. 87.
Marchand (Mme), p. 8.
Marchand (avocat), p. 8.
Martin (abbé), p. 24.
Martin F.-X., p. 33, 64.
Matthieu (Mgr), p. 45.
Merlin, p. 34.
Micaud, p. 9.
Monnier, p. 36.
Monnot Victor, p. 96.
Monnot P.-A-D., p. 41.
Monnot Cl.-Alexis, p. 41.
Monnot Jacq.-Ant., p. 1, 41.
Monnot (abbé), P.-J., p. 1, 2, 3, 4, 6, 7, 9, 12, 14, 16, 17, 19, 20, 22, 25, 26, 27, 29, 33, 34, 36, 37, 39, 41, 46, 51, 52, 53, 58, 64, 65, 67, 71, 72, 73, 74, 78, 79, 80, 81, 83, 85, 87, 88, 89, 90, 91, 92, 93, 94, 95, 96, 97.
Montalembert, p. 1.
Morel (abbé), p. 97.
Morel Joseph, p. 64.
Morey P.-F., p. 18.
Morey Jean-Franc., p. 60, 61.
Morey (abbé), p. 24.
Nappey Melchior, p. 83.
Nodier Ant.-Melchior, p. 35.
Oudot-Guérissot, p. 72, 77.
Pagnot (abbé), p. 22.
Parent (abbé), p. 85.
Pâris (abbé), p. 96.
Parrenin (abbé), p. 97.
Pécheur Fr.-J., p. 35, 59, 97.
Pelletier, p. 56.
Perdrizard (agent), p. 61.
Perrin (abbé) G., p. 97.
Perrin M.-Sch., p. 43, 59, 97.
Perrot, p. 41.
Picard (libraire), p. 49.
Piguet J.-Ant., p. 1, 41.
Piguet Claude, p. 1, 30.
Pillot Cl.-Honoré, p.30, 59,97.
Pillot Célestin, p. 51.
Pillot F., p. 51.
Pochard (abbé), p. 2.
Pourcelot, p. 12.
Quirot, p. 67, 69, 70, 71, 72, 75, 76, 78, 80.
Rambaud, p. 14, 81.

Rambour, p. 38, 40, 49.
Receveur (vénérable Père), p. 10, 11.
Receveur Jean-Joseph, p. 19.
Receveur M.-F.37,16,50,80,97.
Receveur Jacq.-Fr., p. 70.
Receveur Théodore, p. 70.
Regnaud, p. 28.
Regnault Jacq.-Fr, p. 64.
Relange Eloi, p 51.
Renaud (abbé) Cl.-Th., p. 16, 41, 80, 82, 92, 97.
Riduet (abbé), p. 8.
Riduet Catherine, p. 8.
Robert (abbé), p. 92, 97.
Roch Modeste, p. 51.
Roch (abbé), p. 41, 92, 97.
Rohan-Soubise (de), p. 5.
Rousset (abbé) L.-X., p.12,24.
Rousset (abbé) F.-J., p. 24.
Roy, p. 59.
Roy J.-Ignace, p. 59..
Saladin, p.45.
Sarron J.-Claude, p. 18,97.
Sarron J.-Ignace, p. 35, 97.
Sanseigne (abbé) J.-C.,p.97.
Sauzay, p. 27, 29, 31, 51, 79, 81, 87, 97.
Seguin, (chanoine), p. 11.
Simon Jean-Alex., p. 9 31,34.
Simon Jean-Ignace, p. 51.
Solin, p. 72.
Suchet (chanoine), p. 10, 11.
Taine, p. 11.
Thomas (fondeur), p. 64.
Torné, p. 13.
Tournoux (abbé) J.-B., p. 24, 71, 73.
Tournoux (abbé) F.-J., p. 24, 71, 73, 84, 93, 97, 98.
Tournoux P.-Etienne, p. 27.
Tournier (abbé), p. 85.
Vallat, p 74.
Verdot Cl.-Franç., p. 4, 8, 9, 12, 27, 35, 40, 43, 55, 59, 78, 97.
Verdot C.-F., (curé de Villers-l.-Luxeuil). p.8, 88, 93, 96, 97.
Verdot Claude-Fançois, (curé d'Ormoy), p. 8, 18, 36.
Verdot, (abbé), (vicaire à l'un des St-Loup), p. 7, 31.
Verdot F.-J., p. 9, 19, 30, 31, 36, 40, 50, 66, 67, 68, 81, 83, 85, 91, 92, 93, 98.
Verdot C.-J., p. 18, 19, 36, 97.
Verdot J.-B., p. 27, 36, 40, 71, 89, 90, 91, 97, 98.
Verdot Jeanne-Thérèse, p. 31
Verdot Thérèse, 43, 59, 97.
Verdot J.-C., p. 43, 59, 97.
Verdot-Bourdon J., p.19,30,59, 97.
Verdot-Bourdon C.-F., p.28,36, 40, 97.
Verdot-Bourdon F.-X. p. 42.
Verdot-Bourdon A., p. 42.
Verdot-Bourdon J.-B., p. 42.
Vernerey, (abbé) S.-J., p 85.
Vernier (abbé) C.-E. p. 13,44.
Voisard (abbé), p. 8, 97.
Voltaire, p. 1.

Imp. Montbéliardaise. — Montbéliard.

Table des Matières

	Pages.
Préface	1
Sources.	II
Chapitre Ier. — Les préambules (1750-1783).	1
Chapitre II. — Les débuts dans le ministère sacerdotal (1783-1789).	3
Chapitre III. — Le champ d'action (1789)	6
Chapitre IV. — Premières rafales révolutionnaires (1790-1792).	9
Chapitre V. — Le départ pour l'exil (1792)	14
Chapitre VI. — Les douleurs de l'exil (1792-1793).	19
Chapitre VII. — La Vendée des Montagnes (1793)	25
Chapitre VIII. — Représailles (1793)	30
Chapitre IX. — Le triomphe de la Terreur (1794)	39
Chapitre X. — Les instances du prêtre (1794)	46
Chapitre XI. — Revanche de la liberté (1795)	57
Chapitre XII. — Rentrée de l'abbé Monnot (1795-1796)	64
Chapitre XIII. — Continuation des persécutions officielles (1796-1798).	69
Chapitre XIV. — Capture du vicaire en chef (1798)	77
Chapitre XV. — La déportation à l'île de Ré (1898-1799)	80
Chapitre XVI. — Le retour (1800-1803)	87
Chapitre XVII. — La reconstitution de la paroisse (1803-1805)	92
Chapitre XVIII. — La retraite (1805-1830)	95
Appendice.	97
Index alphabétique des noms de lieux.	98
Index alphabétique des noms de personnes	99